놀이의 새로운 발견

놀이, 연극이 되多!

놀이의 새로운 발견
놀이, 연극이 되多!

—

인쇄 2022년 2월 10일 1판 1쇄   **발행** 2022년 2월 15일 1판 1쇄

지은이 함현경
펴낸이 강찬석
펴낸곳 도서출판 나노미디어
주소 (07315) 서울시 영등포구 도신로51길 4
전화 02-703-7507
팩스 02-703-7508
등록 제313-2007-000133호
홈페이지 www.misewoom.com

정가 19,000원

—

ISBN 978-89-89292-65-4   13690

놀이의 새로운 발견

놀이, 연극이 되죠!

함현경 지음

Nano 나노
Media 미디어

거창하게 보이는 예술은 본래 누구나의 삶에서 출발하였습니다. 삶에서 경험한 다양한 감정과 욕망을 다양하게 표현해내는 것이 예술의 본질이지요. 그런데 교육 현장에서 만나 온 대상에게 연극은 직접 표현해야 하는 예술이기에 누구에게나 쉬운 예술이 아님을 늘 경험합니다. 그래서 연극이 '누구나의 예술'이 되기 위해 스스로 연극을 즐겁게 만나고, 만들 수 있는 교육 프로그램에 대해 많은 고민을 합니다. 이 고민의 답을 이번엔 교육현장에서 들려온 '웃음'에서 힌트를 얻어 '놀이'와의 새로운 만남으로 풀어 보았습니다.

수업 사이, 쉬는 시간, 점심시간, … 틈만 나면 아이들이 모이는 곳엔 누가 시키지 않아도 다양하고 즐거운 놀이가 시작됩니다. 작은 사회인 놀이는 누구나의 삶에 늘 존재해 왔고, 놀이의 다양한 만남과 경험을 통해 아이들을 성장시켜 왔습니다. 이러한 놀이를 이야기의 기본 요소인 인물, 사건, 배경으로 새롭게 바라보았습니다. 즉, 놀이에 숨어있는 다양한 연극적 요소를 발견하고, 이를 연극으로 만들도록 하였습니다. 놀이의 기본 형태인 '술래잡기'를 예로 들면, 이 놀이엔 쫓고 쫓기는 관계가 담겨 있습니다. 이를 '인물'로 바라보면, 이런 갈등 관계를 맺는 사람들을 떠올릴 수 있습니다. 경찰과 도둑, 아이와 엄마, 친구와 친구 등. 그렇다면 이들은 왜 이러한 갈등 관계가 되었을까요? 그 이유를 구체적으로 상상해 보고, 그 갈등으로 어떻게 되었는지 맺음을 지으면 하나의 이야기를 완성할 수 있습니다.

이처럼 놀이와 연극적 요소의 연결을 통해 자연스럽게 '주어진' 이야기가 아닌 '스스로' 이야기를 즐겁게 만들도록 하였습니다.

이 책에 소개된 놀이는 아무나, 누구나, 무엇으로든 할 수 있는, 사실 별거 아닌 놀이입니다. 그런데 놀이로 시작해 재미있게 놀다 보면, 꽤 별거인 한 편의 연극을 만들어냅니다. 이를 통해 아무나, 누구나, 무엇으로든 가능한 '연극은 삶이다!'라는 명제에 한 걸음 다가갈 수 있습니다. 나아가 우리의 모든 일상이 예술이 될 수 있음을, 예술로서의 연극이 우리의 삶을 그려냄을 알게 될 것입니다.

본 프로그램은 초등을 중심으로 개발되었으며, 놀이를 새롭게 활용하여 연극을 만들 수 있는 총 25개의 프로그램으로 구성되어 있습니다. 수업 대상에게 맞게 이야기 만들기 수준을 조절한다면, 다양한 대상에게 적용 가능합니다. 또한, 연극을 처음 접하는 대상에게도 적합합니다. 이를 위해 프로그램의 다양한 변형 및 응용에 대한 부분을 도움말과 응용으로 나누어 자세하게 안내하였습니다.

연극 강사로 15년 동안 늘 같은 고민을 했고, 그 고민에 대한 질문과 답을 하며 시간을 켜켜이 쌓아왔습니다. 그것은 바로 연극의 명제를 바탕으로 '누구나의 예술'이 될 수 있는 손쉬운 접근법에 대한 것입니다. 그에 따른 첫 번째 답이 《일상 속 다양한 소재로 창의적 연극 만들기》(2013)였고, 두 번째 답이 《놀이, 연극이 되多!》입니다. 모두에게 쉽지 않은 연극에 대한 이러한 고민과 노력은 연극이 사람의 삶을 성장, 성숙시킬 수 있다는 깊은 신념에 의한 것입니다. 그러나 이번에 찾은 답이 정답이 아닌 또 다른 도전이며, 미완성임을 압니다. 그런 의미에서 책 제목의 '되多'에 한자 '많을 다(多)'를 넣었습니다. '多'의 사전적 정의를 살펴보면 "① 많다, ② 더 좋다, ③ 아름답게 여기다, ④ 많게 하다"라는 의미가 있습니다. 이 뜻을 제 생각으로 풀어내면 많은 사람이 모여 더 좋고, 아름답게 여길 수 있는 것들을 많게 한다는 것입니다. 연극과 놀이의 새로운 만남을 통해, 교육현장에서의 다양한 만남을 통해, 가장 중요한 사람과 사람의 만남을 통해 이 책의 프로그램들이 발전되고 완성되길 간절히 바라봅니다.

마지막으로 이 책을 통해 오래도록 간직하고 싶은 마음을 기록하고자 합니다. 어느 날 우리 아이가 아팠습니다. 그리고 오랜 치료를 받았습니다. 끝나지 않을 것 같던 긴 치료가 끝났습니다. 이 글과 글 사이의 어렵고, 힘든 긴 시간을 잘 살아냈습니다. 이 책은 그 마침표이자 새로운 출발을 의미합니다. 우리 아이와 가족의 새로운 출발을 응원하며 이곳에 그 마음을 기록합니다. 모든 길을 함께 걸어 온, 걸어갈 나의 봄길 맹주영! 오늘을 소중하게 살게 해 준 맹지우, 맹우주! 곁에서 사랑으로 삶의 온도를 올려 주시는 양가 부모님! 가족 모두 마음 다해 감사함을 전합니다. 함께 살아내며 배운 살아가는 모든 오늘이 소중함을, 모든 사람이 소중함을 기억하며 연극으로 마음 다해 사람을 만나며 살아가겠습니다.

2022년 2월
오늘이 행복한 연극 강사 함현경

차 례

프로그램은 이렇게 구성되어 있어요

① **활용 놀이**   프로그램에 활용된 놀이입니다.

② **선택 놀이**   도입 활동의 대체 가능한 놀이입니다.

③ **수업목표**   수업을 통해 도달해야 하는 전체 목표입니다.

④ **준비물**   수업에 필요한 활동지와 재료입니다.

⑤ **부록**   프로그램의 응용 및 변형에 필요한 활동자료 및 활동지입니다.

⑥ **교육과정**   수업과정별 활동과 목표입니다.

⑦ **평가**   수업목표를 통한 평가 내용과 방법입니다.

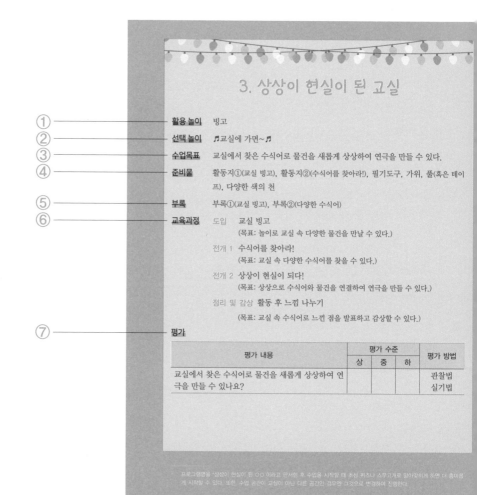

3. 상상이 현실이 된 교실

① **활용 놀이**   빙고

② **선택 놀이**   ♬교실에 가면~♬

③ **수업목표**   교실에서 찾은 수식어로 물건을 새롭게 상상하여 연극을 만들 수 있다.

④ **준비물**   활동지①(교실 빙고), 활동지②(수식어를 찾아라!), 필기도구, 가위, 풀(혹은 테이프), 다양한 색의 천

⑤ **부록**   부록①(교실 빙고), 부록②(다양한 수식어)

⑥ **교육과정**   도입   교실 빙고
(목표: 놀이로 교실 속 다양한 물건을 만날 수 있다.)

전개 1   수식어를 찾아라!
(목표: 교실 속 다양한 수식어를 찾을 수 있다.)

전개 2   상상이 현실이 되다!
(목표: 상상으로 수식어와 물건을 연결하여 연극을 만들 수 있다.)

정리 및 감상   활동 후 느낌 나누기
(목표: 교실 속 수식어로 느낀 점을 발표하고 감상할 수 있다.)

⑦ **평가**

평가 내용	평가 수준			평가 방법
	상	중	하	
교실에서 찾은 수식어로 물건을 새롭게 상상하여 연극을 만들 수 있나요?				관찰법 실기법

프로그램명을 '상상이 현실이 된 ○○'이라고 만서한 후 수업을 시작할 때 초성 퀴즈나 스무고개로 알아맞히게 하면, 더 흥미롭게 시작할 수 있다. 또한 수업 공간이 교실이 아닌 다른 공간인 경우엔 그것으로 변경하여 진행한다.

⑧ 활동목표　　　각 활동을 통해 도달해야 하는 목표입니다.

⑨ 활동형태　　　각 활동에 알맞은 인원 구성 형태입니다.

　　　　　　　　① 전체 : 모두 함께하거나 각자하는 활동의 형태입니다.

　　　　　　　　② 모둠 : 모둠으로 하는 형태입니다. 모둠 옆 괄호에 모둠 수를 기재하였습니다. 활동별 모둠 수는 수업 인원에 맞게 적절히 구성하면 됩니다. 한 모둠의 적정인원은 4명에서 최대 6명 정도입니다.

　　　　　　　　　　예 모둠(2), 모둠(4) 등

　　　　　　　　③ 2인 1조　두 명씩 짝을 지어서 하는 활동의 형태입니다.

⑩ 활동방법　　　교사가 차례대로 진행할 구체적인 활동방법입니다. 활동별로 이해를 돕기 위해 활동 관련 자료와 예시도 함께 작성되어 있습니다.

⑪ 도움말　　　　기본적으로 활동 시 참고하거나 유의해야 할 사항입니다.

⑫ 응용　　　　　활동별 응용 및 변형의 예와 이에 따른 부록 활용 부분이 정리되어 있습니다.

⑬ 정리 및 감상　정리의 활동방법 ①은 수업목표를 나눌 수 있는 발문입니다.

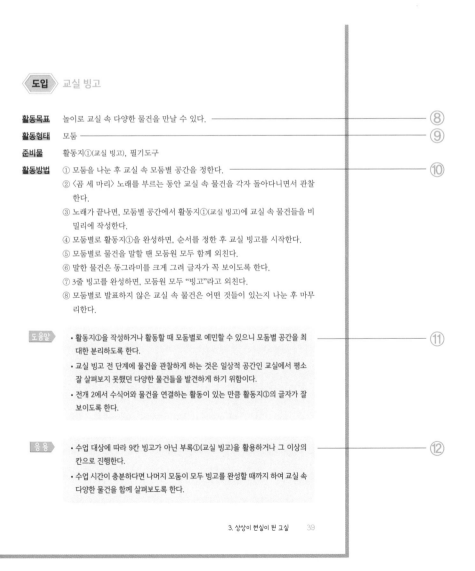

도입 교실 빙고

활동목표　놀이로 교실 속 다양한 물건을 만날 수 있다. ──────── ⑧

활동형태　모둠 ────────────────────── ⑨

준비물　　활동지①(교실 빙고), 필기도구

활동방법　① 모둠을 나눈 후 교실 속 모둠별 공간을 정한다. ──────── ⑩
　　　　　　② 〈곰 세 마리〉 노래를 부르는 동안 교실 속 물건을 각자 돌아다니면서 관찰한다.
　　　　　　③ 노래가 끝나면, 모둠별 공간에서 활동지①(교실 빙고)에 교실 속 물건들을 비밀리에 작성한다.
　　　　　　④ 모둠별로 활동지①을 완성하면, 순서를 정한 후 교실 빙고를 시작한다.
　　　　　　⑤ 모둠별로 물건을 말할 땐 모둠원 모두 함께 외친다.
　　　　　　⑥ 말한 물건은 동그라미를 크게 그려 글자가 꼭 보이도록 한다.
　　　　　　⑦ 3줄 빙고를 완성하면, 모둠원 모두 "빙고"라고 외친다.
　　　　　　⑧ 모둠별로 발표하지 않은 교실 속 물건은 어떤 것들이 있는지 나눈 후 마무리한다.

도움말
　• 활동지①을 작성하거나 활동할 때 모둠별로 예민할 수 있으니 모둠별 공간을 최대한 분리하도록 한다. ──────── ⑪
　• 교실 빙고 전 단계에 물건을 관찰하게 하는 것은 일상적 공간인 교실에서 평소 잘 살펴보지 못했던 다양한 물건들을 발견하게 하기 위함이다.
　• 전개 2에서 수식어와 물건을 연결하는 활동이 있는 만큼 활동지①의 글자가 잘 보이도록 한다.

응용
　• 수업 대상에 따라 9칸 빙고가 아닌 부록①(교실 빙고)을 활용하거나 그 이상의 칸으로 진행한다. ──────── ⑫
　• 수업 시간이 충분하다면 나머지 모둠이 모두 빙고를 완성할 때까지 하여 교실 속 다양한 물건을 함께 살펴보도록 한다.

똑! 똑!

저는 지금까지 '누구나의 연극'을 위해 '별거? 아닌 별거!'인 일상 속 소재를 출발점으로 다양한 생각을 만들어냈고, 그것들을 잘 엮어 프로그램을 개발해 왔습니다. 그리고 개발한 프로그램을 통해 연극으로 행복한 만남을 이어 왔습니다.

지금부터 사실은 별거 없지만, 누구나 할 수 있는 우리의 일상이 연극이 되는 프로그램 개발 과정을 함께 나누고자 합니다. 이 나눔을 통해 다양한 교육현장에서 행복한 릴레이가 이어지길 바랍니다.

1단계 – 창의적인 일상에서 출발하자!

연극놀이 중 〈'아'에는 얼마나 많은 '아'가 있을까?〉란 활동이 있습니다. '아'라고 하는 대사를 사용하는 다양한 상황을 찾아 연극으로 만드는 것입니다. 우리는 '아'를 언제 사용할까요? 무엇인가를 알았을 때 '아', 좋은 생각이 났을 때 '아', 아플 때 '아', 환호할 때 '아', 지루할 때 '아', 고민할 때 '아', 조를 때 '아' 등, 이 외에도 '아'라는 말은 다양하게 사용합니다. 그런데 이것들을 또 나누어 다양한 경우의 수를 생각한다면 무엇인가를 알았을 때의 '아'는 얼마나 될까요? 아마도 헤아릴 수

없이 많다가 정답일 것입니다.

이를 확장해서 우리의 일상을 가만히 살펴볼까요? 우리의 일상은 몇 가지의 색, 몇 개의 음계, 몇 가지의 음식 재료로 헤아릴 수 없이 많은 그림과 음악, 음식이 탄생합니다. 지금 이곳에 적는 글자도 어떻게 배열하여 쓰는지에 따라 결과물은 수없이 많습니다. 이렇게 일상은 이미 창의적입니다. 이에 더해 창의적일 수 있는 것의 본질은 바로 사람이 모두 '多' 다르기 때문입니다.

그러니 교육현장에서 만나는 다양한 대상에 적합한 연극 프로그램에 대한 고민을 그들 고유의 일상을 관찰하는 것에서 출발해 보세요. 그들의 일상에 이미 보물 같은 소재들이 숨어있습니다. 그 소재들을 출발로 연극을 풀어낸다면, 더 쉽고, 재미있게, 살아 있는 그들의 이야기를 만날 수 있을 것입니다.

2단계 - 새롭게 보자!

어릴 때 한 번쯤 했던 '얼음땡', '무궁화 꽃이 피었습니다', '숨바꼭질', '여우야, 여우야 뭐하니', '수건 돌리기'의 공통점을 아십니까? 이번 프로그램을 개발하면서 발견한 것은 간단한 술래잡기의 다양한 변형이라는 것입니다. 즉, 같은 형태의 놀이를 '어떻게' 변형하는지에 따라 '새로운' 놀이가 탄생됩니다. 그리고 이러한 놀이는 지역에 따라, 하는 사람에 따라 자연스럽게 조금씩 변형되기도 합니다. 같은 맥락에서 연극놀이도 원형을 찾기 어려울 만큼 다양한 변형과 창조가 일어나고 있습니다.

교육현장에서 찾은 일상의 소재를 연극의 다양한 요소로 새롭게 발견하도록 해보세요. 프로그램에서 활용된 '얼음땡'을 살펴보면, '얼음땡'에서 손은 누군가를 죽일 수도 반대로 누군가를 돕거나 살리거나 혹은 스스로를 지켜내는 역할을 합니다. 이를 사람 사이의 관계로 새롭게 보아 개발한 프로그램이 〈내 손안에 다 있다!〉입니다. '얼음땡' 놀이 후 손의 역할에 대해 살펴보고, 이와 관련한 시를 바탕으로 사람 사이의 갈등과 해결을 '손'에서 찾는 프로그램입니다.

이처럼 하나의 것을 새롭게 바라보는 시선은 '뜻밖에 생긴 좋은 수나 우연히 걸려든 복'이라는 '땡'의 사전적 의미처럼, 새로운 프로그램 개발하는 데 매우 중요한 열쇠가 됩니다.

3단계 – 이야기로 풀어내자!

그렇다면 새로운 시선으로 발견한 일상의 소재를 어떻게 연극으로 풀어낼 수 있을까요? 그 연결고리는 바로 '이야기'입니다. 이야기는 많은 예술의 기반이 됩니다. 이야기를 어떻게 담아내는지에 따라 연극, 영화, 음악, 무용, 애니메이션 등 다양하게 나눌 수 있습니다.

이야기의 기본 요소는 인물, 사건(갈등), 배경입니다. 일상에서 찾은 소재, 놀이에서 찾은 소재를 이야기의 기본 요소로 풀어내면 하나의 프로그램이 뚝딱 탄생됩니다. 다시 '얼음땡'을 활용한 프로그램의 예를 살펴보면 놀이 상황 속 관계를 인물로, 갈등 관계로 살펴보고, 갈등을 해결하는 구조로 볼 수 있습니다. 보다 쉽게 정리하면, 이야기는 누군가에게 일어난 갈등의 원인, 과정, 해결(결과)입니다. 따라서 우리가 찾은 놀이의 소재와 상황을 이야기의 어떤 요소로 활용하고, 이를 갈등의 원인, 과정, 해결(결과)로 엮어내면 연극 프로그램으로 탄생할 수 있습니다. 이러한 부분에 대한 이해를 돕기 위한 프로그램이 첫 프로그램인 〈갈등 이해하기〉입니다. 이 프로그램을 진행한 후 다른 프로그램을 진행하면 놀이 속 소재를 제법 이야기로 잘 풀어낼 수 있습니다.

4단계 – 多 다르게 활용하자!

살아 있는 모든 것의 공통점은 '움직임'이라고 합니다. 이를 달리 표현하면 살아 있는 모든 것은 늘 변화합니다. 우리가 교육현장에서 만나는 대상은 날씨처럼 크고

작은 변화 중입니다. 따라서 너무나도 당연한 마지막 제안을 하고자 합니다. 교육 현장에 맞게, 변화하는 대상에 맞게, 좁은 의미에서 수업 대상의 오늘에 맞게, 프로그램을 다양하게 변형하고 응용하길 바랍니다.

저의 경우, 같은 프로그램이더라도 위계가 존재하는 집단이라면 신체 놀이를 도구를 활용한 놀이로 변형하여 진행합니다. 신체 놀이의 경우엔 개인의 역량이 큰 영향을 미치지만, 도구를 활용한 놀이의 경우 즉흥적 요소가 발생하여 관계를 좀 더 수평적으로 만들 수 있기 때문입니다. 또한, 연극이 혼자가 아닌 여럿이 함께 하는 것이 중요한 만큼 몇몇이 아닌 전체가 함께 참여하는 구조로 변형하고자 노력합니다.

'누구나의 연극'을 위해 스스로 늘 다양한 도전을 하길 바랍니다. 어쩌면 우리의 도전은 '나'를 중심으로 한 '나'만을 위한 도전일 수 있습니다. 우리는 수업을 위한 다양한 재료와 방법을 자신에게 익숙해서 쉽고 편안한 것을 택하는 편이지요. 이것은 최고의 장점이자, 최악의 단점이 될 수 있습니다. 그러니 교육현장에서 만나는 대상에 맞게, 각자가 생각하는 교육의 가치를 반영하여 '多' 다르게 활용하길 기대합니다.

1. 갈등 이해하기*

활용 놀이   무서운 독거미

선택 놀이   곰과 나무꾼

수업목표   갈등을 다양한 방법으로 이해한 후 갈등을 넣어 연극을 만들 수 있다.

준비물   활동지①(갈등이란?), 마스킹테이프, 안대, 핸드벨, 필기도구

부록   부록①(다양한 동화 쪽지)

교육과정   도입   무서운 독거미
　　　　　　　　(목표: 놀이 속 역할을 통해 갈등을 경험할 수 있다.)

　　　　　　전개 1   갈등이란?
　　　　　　　　(목표: 갈등의 사전적 정의를 알 수 있다.)

　　　　　　전개 2   제발과 안 돼!
　　　　　　　　(목표: 주어진 대사를 통해 갈등을 깊이 있게 경험할 수 있다.)

　　　　　　전개 3   동화 속 갈등을 찾아라!
　　　　　　　　(목표: 동화 속 갈등을 찾아 연극을 만들 수 있다.)

　　　　　　전개 4   일상 속 갈등을 찾아라!
　　　　　　　　(목표: 일상 속 갈등을 찾아 연극을 만들 수 있다.)

　　　　　　정리 및 감상   활동 후 느낌 나누기
　　　　　　　　(목표: 이해한 갈등을 문장으로 정리하여 나누고 감상할 수 있다.)

평가

평가 내용	평가 수준			평가 방법
	상	중	하	
갈등을 다양한 방법으로 이해한 후 갈등을 넣어 연극을 만들 수 있는가?				관찰법 실기법

....

* 연극의 토대는 다양한 인물들의 삶 속 갈등이 담긴 이야기다. 이 프로그램은 갈등의 이해를 위해 개발되었다. 따라서 이 프로그램을 진행 후 다른 프로그램들을 진행하길 권한다. 다양한 놀이를 통해 찾은 연극의 소재를 활용하여 갈등의 원인과 과정, 해결(결과)을 넣으면 뚝딱 연극이 창조된다. 이 프로그램은 저자가 출판한《일상 속 다양한 소재로 창의적 연극 만들기》(2015, 나노미디어)의 프로그램을 수정 및 보완한 것임을 밝힌다.

도입 무서운 독거미

활동목표   놀이 속 역할을 통해 갈등을 경험할 수 있다.

활동형태   전체

준비물   핸드벨, 마스킹테이프, 안대

활동방법   ① 교사는 이야기로 놀이 방법을 소개한다.

> 옛날 평화로운 거미 마을에 무서운 독거미가 찾아온다. 독거미가 거미 마을을 찾아온 이유는 단 하나! 자신과 다른 종족의 거미를 모두 죽이러 왔다. 그런데 거미와 독거미는 모두 앞을 볼 수 없는 장님이다. 그래서 거미 마을 거미들은 부딪치는 모든 거미와 누가 먼저랄 것도 없이 "거미"라는 인사말로 인사를 나눴다. 그러나 독거미와 부딪치는 거미는 "독거미"라는 인사말을 듣는 순간 온몸에 독이 퍼져 죽는다. 이때 거미는 다른 거미들을 살리기 위해 비명을 질러 독거미의 위치를 알린 후 죽는다. 독거미는 거미 마을에 모든 거미가 죽을 때까지 계속 마을을 돌아다닌다.

② 원으로 둘러선 후 눈을 감고, 〈학교 종이 땡땡땡〉과 같이 학생들이 모두 아는 노래를 공포 버전으로 부른다.

③ 이때 교사가 어깨를 두 번 두드리는 학생이 술래인 독거미가 된다.

④ 독거미가 정해지면 눈을 뜬 후 교사의 핸드벨 신호에 따라 세 걸음 도망간다.

⑤ 교사의 시작 신호에 따라 모두 안대를 하거나 눈을 감고 활동을 시작한다.

⑥ 놀이 중 교사는 다음과 같은 역할을 한다.

> • 부딪치는 모든 거미와 독거미가 서로 인사를 나누도록 돕는다.
> • 죽은 거미를 마스킹테이프로 표시된 무덤 공간으로 이동시킨다.
> • 앞이 보이지 않기 때문에 서로 다치지 않도록 도와준다.
> • 눈을 감고 활동할 땐, 실눈을 뜬 거미를 잡는다.

⑦ 활동 중인 거미는 살기 위해 제자리에 멈춰 있지 않는다.

⑧ 죽은 거미는 눈을 뜬 후 마스킹테이프로 표시된 무덤 공간으로 이동한다.

⑨ 무덤 공간으로 이동한 죽은 거미들은 어떤 말도 할 수 없다.

⑩ 독거미가 모든 거미를 죽이면 활동이 끝난다.

⑪ 독거미 수를 늘려가며 몇 차례 더 진행한다.

⑫ 살려고 도망가는 거미의 역할과 죽이려고 쫓아가는 독거미 역할을 한 소감을 나눈 후 마무리한다.

도움말

- 거미와 독거미가 서로의 소리를 듣고 활동할 수 있도록 조용한 분위기를 잘 조성한다.
- 수업 공간에 불을 끄고 진행하면 제법 긴장감 넘치는 분위기가 형성된다.
- 독거미 수를 늘려서 하는 경우 독거미들끼리 만나 인사하면 죽지 않는다.
- 수업 공간이 넓으면 활동시간이 길어질 수 있고 안전상에도 문제가 있으니 활동 공간을 제한하여 진행한다.
- 놀이를 시작하기 전 세 걸음 도망가는 이유는 원의 형태에서 바로 시작하면 독거미 주변의 거미들이 시작하자마자 죽기 때문이다.
- 안전을 위해 거미들은 바닥을 기어다니거나 책상이나 의자 등에 숨지 않도록 한다.

응용

- 거미 무덤을 활동 공간 테두리에 의자를 원으로 놓아 만들 수 있다. 이 경우, 죽은 거미들이 나머지 거미들이 다치지 않게 도와주는 역할을 할 수 있다.
- 이 활동은 청각이 활용되기에 연극의 <감각 깨우기> 활동에 활용될 수 있다.

전개 1 ▷ 갈등이란?

활동목표 갈등의 사전적 정의를 알 수 있다.

활동형태 전체

활동방법 ① 갈등의 사전적 정의를 알아본다.

> 갈등(葛藤)
> • 칡과 등나무가 서로 얽히는 것과 같이, 개인이나 집단 사이에 목표나 이해관계가 달라 서로 적대시하거나 충돌함. 또는 그런 상태.
> • 〈문학〉 소설이나 희곡에서 등장인물 사이에 일어나는 대립과 충돌 또는 등장인물과 환경 사이의 모순과 대립을 이르는 말.
> • 〈심리〉 두 가지 이상의 상반되는 요구나 욕구, 기회 또는 목표에 직면하였을 때, 선택을 하지 못하고 괴로워함. 또는 그런 상태.
>
> 출처 : 〈표준국어대사전〉

② 도입 활동의 살려고 하는 거미와 죽이려고 하는 독거미의 서로 다른 입장 충돌을 갈등의 정의에 적용하여 살펴본 후 마무리한다.

도움말 ▷
• 수업 대상에 따라 갈등의 정의를 좀 더 쉽게 살려고 하는 거미와 죽이려고 하는 독거미처럼, 두 사람이 서로 마음이 달라 부딪치는 충돌 혹은 싸움이라고 설명한다. 그리고 거미나 독거미가 살아남기 위해 혹은 잡기 위해 어떻게 할지 혼자 고민하는 것도 갈등이라고 설명하면 좀 더 쉽게 이해할 수 있다.

응용 ▷
• 수업 대상에 따라 갈등의 정의를 모둠별로 국어사전 속 정의를 찾게 하거나 매체를 검색해서 알아볼 수 있다. 혹은 사전적 정의를 줄별로 자르거나 조각내어 퍼즐처럼 맞게 할 수도 있다. 또는 갈등이 잘 드러나는 이미지를 활용하여 알아볼 수 있다.

• 학생들이 이해한 갈등의 정의를 나누면, 수업 대상 수준에 따른 보다 쉬운 정의를 만날 수 있다.

〈전개 2〉 제발과 안 돼!

활동목표 주어진 대사를 통해 갈등을 깊이 있게 경험할 수 있다.

활동형태 2인 1조

준비물 핸드벨

활동방법 ① 주어진 대사가 부탁하는 '제발'과 이를 거절하는 '안 돼'임을 알린다.
② 각자 짝에게 부탁할 자신에게 가장 중요한 소원을 속으로만 생각한다.
③ 짝과 가위바위보를 한다.
④ 이긴 사람은 '안 돼' 역할을, 진 사람은 '제발' 역할을 한다.
⑤ 핸드벨로 시작을 알리면, '제발' 역할부터 시작한다.
　　예 제발 → 안 돼 → 제발 → 안 돼 → 제발 → 안 돼 (반복)
⑥ 이때 주어진 대사 이외엔 어떤 대사도 하지 않는다.
⑦ 일정한 시간이 지나면 핸드벨로 멈춤을 알린다.
⑧ 각자 걸어다니며 심호흡을 하여 자신의 역할을 벗는다.
⑨ 역할을 바꿔서 다시 활동한다.
⑩ 거절하는 '안 돼' 역할과 부탁하는 '제발' 역할을 한 소감을 나눈 후 마무리한다.

도움말 ▶
• 소원은 감정이입을 하게 하는 중요한 역할을 한다. 따라서 자신에게 간절히 이루어지길 원하는 어떤 일이나 꿈 등을 진지하게 고민하여 설정할 수 있도록 한다.
• 소원을 들어줄 수 있는 사람은 이 세상에 짝꿍밖에 없음(마치 신처럼)을 안내하여 활동에 몰입할 수 있도록 한다.
• 소원은 각자에게 소중한 것이기에 말하지 않도록 한다. 소원을 말하면 소원에 대

한 평가가 이루어질 수 있기 때문이다.

- 수업 공간을 자유롭게 돌아다니면서 하도록 한다. 부탁하는 '제발'은 매달리고, 무릎 꿇고 빌 수도 있고, 거절하는 '안 돼'는 부탁하는 사람을 외면하거나 도망다닐 수도 있다. 단, 술래잡기가 되어서는 안 된다.
- 교사가 학생과 시범을 보이는 것이 활동의 이해를 도울 수 있는 가장 쉬운 방법이다.
- 교사는 활동 중 목소리나 행동의 크기나 빠르기 등을 더 크게 하도록 촉매제 역할을 한다.
- 수업 시간 때문에 프로그램을 선택적으로 해야 한다면, 이 활동은 짧은 시간 안에 갈등을 깊이 있게 경험할 수 있는 좋은 활동이니 꼭 포함하도록 한다.
- 수업 시간이 충분하다면 각각의 역할을 했을 때 어떠하였는지 모두 나눈다. 이는 갈등을 경험했을 때의 여러 감정이기에 중요하다. 혹 모두 나누기 어렵다면 되도록 많은 학생의 느낀 점을 나눈 후 마무리한다.

전개 3 〉 동화 속 갈등을 찾아라!

활동목표　동화 속 갈등을 찾아 연극을 만들 수 있다.

활동형태　모둠

활동방법　① 교사가 동화 속 갈등 장면을 예를 들어 설명한다.
　　　　　　예 흥부와 놀부 : 밥을 달라는 흥부와 밥을 주지 않는 놀부 마누라
　　　　　② 예로 든 동화의 또 다른 갈등을 함께 찾아본다.
　　　　　　예 흥부와 놀부 : 집을 나가라는 놀부와 나가지 않으려는 흥부, 제비를 잡아먹으려는 구렁이와 살려 주려는 흥부, 부자가 되려는 놀부와 벌을 주려는 도깨비 등
　　　　　③ 모둠을 나눈 후 모둠별로 동화를 선택한다.
　　　　　④ 동화 속 다양한 갈등 상황을 찾아본다.
　　　　　⑤ 그중 한 가지의 갈등 상황을 선택하여 연극으로 만든다.

⑥ 모둠별로 선택한 동화를 소개한 후 연극을 발표한다.

⑦ 어떤 갈등이 있었는지 나머지 참여 모둠과 나눈다.

⑧ 모둠별로 연극을 발표한 후 마무리한다.

도움말

- 동화를 선택하면 정해진 이야기를 통해 손쉽게 갈등 장면을 찾을 수 있는 장점이 있다. 나아가 이야기가 갈등을 바탕으로 구성되어 있다는 것을 알 수 있다. 더불어 교사는 이 활동의 과정과 결과를 통해 학생들이 갈등에 대해 잘 이해했는가를 점검할 수 있다.

- 교사와 함께 찾은 동화 속 갈등 장면은 제외한다.

응용

- 수업 대상 및 시간에 따라 전개 활동 3, 4 중 선택해 진행해도 된다. 이때 스스로 이야기를 만들기 어려워하는 대상이라면 활동 3을, 스스로 이야기를 잘 만드는 대상이라면 활동 4를 선택하여 진행하도록 한다.

- 수업 대상의 특성에 따라 의견을 모으기 어렵거나 혹은 시간을 절약하기 위해서라면, 부록①(다양한 동화 쪽지)을 활용하여 제비뽑기로 진행한다.

- 모둠원이 모두 알고 있는 동화를 찾기 어렵다면 교실에 있는 동화책을 활용하거나 교사가 모둠 수에 따라 동화책을 준비하는 것도 방법이다.

전개 4 일상 속 갈등을 찾아라!

활동목표   일상 속 갈등을 찾아 연극을 만들 수 있다.

활동형태   모둠

활동방법   ① 교사가 일상 속 갈등 장면의 예를 시범을 보인다.

예 마트에서 장난감을 사 달라는 아이와 사 주지 않는 엄마, 게임을 더하고 싶은 아이와 그만하라는 엄마 등

② 모둠별로 일상 속 다양한 갈등 상황을 찾는다.

③ 그중 한 가지 갈등 상황을 선택하여 갈등의 원인과 과정, 해결(결과)을 넣어 연극을 만든다.

④ 모둠별로 연극을 발표하고, 어떤 갈등이 있었는지 나머지 참여 모둠과 나눈다.

⑤ 모둠별로 연극을 발표한 후 마무리한다.

도움말

• 수업 대상에 따라 일상 속 갈등을 찾기 어려워한다면, '제발과 안 돼' 대사를 하는 상황을 찾도록 안내한다. 이런 말들을 언제, 누구와 하는지를 생각하면 좀 더 쉽게 구체적인 상황을 찾아낼 수 있다.

정리 및 감상 활동 후 느낌 나누기

활동목표   이해한 갈등을 문장으로 정리하여 나누고 감상할 수 있다.

활동형태   모둠 → 전체

준비물   활동지①(갈등이란?), 필기도구

활동방법   ① 갈등을 다양한 방법으로 이해한 후 갈등을 넣어 연극을 만들어 보니 어떠한 가요?

② 활동을 통해 이해한 갈등을 활동지①(갈등이란?)에 모둠별로 문장으로 정의 내린 후 그 이유에 대해 함께 나눈 후 마무리한다.

에 "갈등은 ○○이다. 왜냐하면 ~"

선택 놀이 ⟩ 곰과 나무꾼

활동목표 놀이 속 역할을 통해 갈등을 경험할 수 있다.

활동형태 전체

활동방법 ① 교사는 나무꾼과 곰의 역할을 하며 놀이를 소개한다.

> **교사** 자! 지금부터 이곳은 옛날 옛적에 깊은 산 속으로 바뀝니다. 나무꾼이 좋은 나무를 찾아 열심히 도끼질하고 있습니다. 그런데 왠지 이상한 느낌이 들어 슬며시 뒤를 돌아보니 곰이 나무꾼을 향해 오고 있습니다. 그런데 이 곰은 보통 곰이 아닙니다. 몇 날 며칠 굶어 엄청 배가 고픈 곰이 맛있는 사람 냄새를 맡고 오고 있는 것이지요! 이때 똑똑한 나무꾼은 살기 위해 좋은 꾀를 생각해냅니다. 나무꾼은 살기 위해 어떻게 했을까요?
>
> **학생 1** 도망가요!
>
> **학생 2** 나무 위로 올라가요!
>
> **학생 3** 죽은 척을 해요!
>
> **교사** 이 중에 나무꾼이 선택한 방법이 있습니다. 똑똑한 나무꾼은 곰이 죽은 것을 먹지 않는다는 것을 알고 있었기에 죽은 척을 합니다. 자! 지금부터 나무꾼과 곰의 상황으로 놀이를 시작하겠습니다.

② 교사가 술래인 곰이 되고, 나머지는 나무꾼이 되어 놀이를 시작한다.

③ 나무꾼들은 좋은 나무를 찾아 도끼질하다 술래인 곰이 "곰이다!"를 외치면 모두 죽은 척을 한다. 이때 얼굴은 반드시 보여야 한다.

④ 곰은 죽은 척하는 나무꾼을 일부러 웃기거나 건드려서 움직이게 하지 않고, 눈으로만 관찰하여 죽은 척에 실패했을 때 잡아먹는다.

⑤ 곰이 나무꾼을 잡아먹을 땐 움직인 곳을 꼭 이야기하고 잡아먹는다.

> **곰** 손가락을 움직이는 걸 보니 살아 있구나! (먹는 척하며) 냠냠냠.

⑥ 곰에게 잡아먹힌 나무꾼은 곰이 되어 나무꾼을 함께 잡아먹는다.

⑦ 나무꾼을 모두 잡아먹을 때까지 진행한 후 마지막에 잡아먹힌 나무꾼이 곰이 되어 다시 놀이를 진행한다.

⑧ 살려고 죽은 척을 하는 나무꾼과 잡아먹으려는 곰의 역할을 해보니 어땠는지 나눈 후 마무리한다.

- 이 놀이는 실제로 놀이 과정에서 다양한 갈등이 일어난다. 서로 놀이의 약속을 어기거나 혹은 나무꾼이 눈을 감고 죽은 척하는 과정에서 자신의 움직임에 대한 인식이 곰이 관찰하는 것과 차이가 발생하기 때문이다. 그래서 교사는 부지런한 심판이 되어 이를 잘 해결해야 한다. 놀이 속 나무꾼과 곰의 역할 갈등, 실제 놀이 과정 속 갈등을 설명하는 예로 활용하면 더욱 손쉽게 갈등을 이해할 수 있다.

- 얼굴은 움직임을 관찰할 수 있는 가장 좋은 곳이기에 머리카락이나 옷 등으로 가리지 않는다.

- 죽은 척하는 과정에서 숨쉬기로 인한 배와 등의 움직임은 허용한다.

- 교사가 술래가 되어 시작하는 것은 활동에 대한 적절한 시범으로 역할에 적합한 표현을 촉진하기 위해서다.

활동지 ① 갈등이란?

모둠 :

갈등을 한 문장으로 정의 내린 후 그 이유를 함께 작성하세요.

갈등은 _____ 이다.

왜냐하면

흥부와 놀부	백설공주
신데렐라	해와 달이 된 오누이
미운 아기 오리	토끼와 거북이
아기 돼지 삼형제	콩쥐 팥쥐
헨젤과 그레텔	성냥팔이 소녀

2. 인물 집중 탐구

활용 놀이   가위바위보 릴레이

수업목표   가위바위보로 창조한 인물을 탐구하여 연극을 만들 수 있다.

준비물   활동지①(인물 인터뷰 – 10문 10답), 칠판(화이트보드), 필기도구

부록   부록①(인물 그리기), 부록②(인물 창조 릴레이)

교육과정   도입   인물 창조 릴레이*
(목표: 가위바위보 릴레이로 인물을 즉흥적으로 창조할 수 있다.)

전개 1   인물 인터뷰 – 10문 10답
(목표: 인물을 알 수 있는 질문과 답을 통해 인물을 구체화할 수 있다.)

전개 2   인물 탐구 연극
(목표: 인물을 나타낼 수 있는 질문과 답으로 연극을 만들 수 있다.)

정리 및 감상   활동 후 느낌 나누기

(목표: 5자 토크 릴레이로 느낀 점을 표현하고 감상할 수 있다.)

평가

평가 내용	평가 수준			평가 방법
	상	중	하	
가위바위보로 창조한 인물을 탐구하여 연극을 만들 수 있는가?				관찰법 실기법

---

*   이 놀이는 전래놀이의 변형 중 하나다. 원래는 윷이나 주사위를 던지는 형태의 것을 손쉽게 가위바위보로 변형 구성하였다.

활동목표 가위바위보 릴레이로 인물을 즉흥적으로 창조할 수 있다.

활동형태 모둠

준비물 칠판(화이트보드), 필기도구

활동방법 ① 교사는 가위바위보 릴레이로 한 인물을 한마음으로 이어가며 창조할 것이라 안내한다.

② 우선, 창조할 인물 얼굴에 그릴 기본 요소와 선택적인 추가 요소를 정한다.

> • 기본 요소 : 눈 2개, 코 1개, 입 1개, 귀 2개, 눈썹 2개, 얼굴형 1개, 머리 등
> • 추가 요소 : 안경, 귀걸이, 점, 수염, 주름, 상처, 모자, 보조개 등

③ 모둠을 나눈 후 순서대로 마주 앉은 상대 모둠원과 가위바위보 대결을 한다.

④ 이긴 사람은 2획, 진 사람은 1획으로 인물 얼굴을 칠판에 그린다.

⑤ 1획의 기준은 끊어지지 않고 그리는 것을 의미한다.

⑥ 인물 그리기는 미리 상의할 수 없으며, 그림을 그리는 동안 그릴 내용을 서로에게 지시하거나 그림을 평가하는 말을 하지 않고 진행한다.

⑦ 인물의 기본과 추가 요소가 다 완성되면, 어떤 인물처럼 보이는지 간단히 나눈 후 마무리한다.

도움말

• 칠판이나 화이트보드에 그리면 인물이 창조되어 가는 과정을 함께 살펴볼 수 있어 좋다. 칠판이나 화이트보드가 없다면 A3 용지를 붙여놓고 진행한다.

• 수업 시간에 따라 얼굴 그리기의 추가 요소는 선택적으로 진행한다.

• 수업 인원이 두 모둠으로 진행하기 어렵다면, 모둠 수를 더 구성하여 동시다발적으로 진행하면 된다.

- 얼굴 그리기의 추가 요소는 부록①(인물 그리기)을 활용한 제비뽑기로 적용한다. 전체가 공통으로 하거나 모둠별로 각각 진행할 수 있다.
- 가위바위보 주사위를 활용하면 결과를 지켜보는 색다른 재미가 있다.
- 수업 인원이 적은 편이라면 부록②(인물 창조 릴레이)를 활용하여 진행할 수 있다.
- 수업 시간이 충분하다면 인물 창조를 얼굴로만 제한하는 것이 아닌 몸으로 확장하여 진행해도 된다. 그려진 인물이 어떤 체격, 어떤 옷, 어떤 행동을 하고 있는지는 인물을 창조하는 데 구체적인 정보를 줄 수 있기 때문이다.
- 모둠별로 인물의 얼굴을 다 창조한 후 서로 의견을 나누어 얼굴에 어울리는 옷과 행동 등을 그릴 수 있다.
- A3로 인물을 창조한 후 얼굴을 오려 가면을 만든다. 완성된 가면을 쓰고, 모둠 구성원들이 그에 어울리는 다양한 행동을 직접 표현한다.

전개 1 인물 인터뷰 – 10문 10답

활동목표 인물을 알 수 있는 질문과 답을 통해 인물을 구체화할 수 있다.

활동형태 모둠

준비물 활동지①(인물 인터뷰 – 10문 10답), 필기도구

활동방법 ① 활동지①(인물 인터뷰 – 10문 10답)에 모둠별로 인물을 알 수 있는 중요한 10가지의 질문을 정한다.

예 이름, 나이, 성격, 직업, 좋아하는 것, 싫어하는 것, 되고 싶은 것, 요즘 가장 큰 고민, 가장 행복했던 기억, 가장 후회하는 선택, 가장 소중한 사람 혹은 물건, 다시 무엇으로 태어난다면 등

② 활동지①의 질문에 대한 답을 구체적인 이유를 넣어 작성한다.

③ 발표 모둠이 완성한 활동지①을 발표하면, 발표 내용을 바탕으로 인물에 대해 궁금한 점이나 새로운 질문 등을 함께 나눈 후 마무리한다.

④ 모둠별로 돌아가면서 활동지①을 발표한 후 마무리한다.

도움말

- 인물에 대한 질문은 인물의 기본적인 정보보단 인물의 상황이나 상태, 역사를 알 수 있는 심층 질문들로 구성할 수 있도록 도와준다.
- 좋아하는 것, 싫어하는 것 등은 넓은 범주의 질문이다. 구체적으로 어떤 것들을 좋아하거나 싫어하는지를 구체적으로 생각하여 세부 질문을 작성하도록 한다.

  예 듣기 좋은 말, 듣기 싫은 말

응용

- 수업 대상에 따라 질문 수는 조정이 가능하다. 질문 수를 한정하여 핵심화하면 질문의 질과 답이 향상된다.
- 10문 10답의 경우에는 전체가 중요하다 여기는 10가지의 공통 질문을 정해도 좋다. 그리하면 공통된 질문에 각각 다른 답을 통해 인물의 공통점과 차이점을 잘 살펴볼 수 있다. 모둠별로 자유롭게 10가지의 질문을 작성하게 되면, 각자 중요하게 여기는 질문을 통해 인물이 좀 더 구체화되는 장점이 있다.
- 수업 대상에 따라 활동지①의 발표 형식을 모둠원 중 한 사람이 창조한 인물이 되어 의자에 앉고, 인물과 대화하는 인터뷰하는 형식으로 진행하면 좀 더 흥미롭게 인물을 만날 수 있다.

전개 2 인물 탐구 연극

활동목표 인물을 나타낼 수 있는 질문과 답으로 연극을 만들 수 있다.

활동형태 모둠

준비물 활동지①(인물 인터뷰 – 10문 10답)

활동방법 ① 모둠별로 전개 1 발표 후 다양한 나눔을 바탕으로 활동지①을 최종 수정 및 보완한다.

② 모둠별로 인물을 잘 나타낼 수 있는 한 가지 질문과 답을 선택한다.

③ 선택한 질문과 답에 갈등이 있다면 갈등의 이유와 구체적인 해결방법을 넣어 연극으로 만든다.

④ 모둠별로 연극을 발표한 후 마무리한다.

응용

• A3로 인물을 창조한 경우 가면을 만들어 연극에 적용한다.

• 수업 대상의 연극 만들기 수준이 '상'이라면 모둠별로 창조한 인물과 인물이 만났을 때의 갈등 상황에 대한 연극 만들기를 할 수 있다.

정리 및 감상 활동 후 느낌 나누기

활동목표 5자 토크 릴레이로 느낀 점을 표현하고 감상할 수 있다.

활동형태 전체

활동방법 ① 가위바위보로 창조한 인물을 탐구하여 연극을 만들어 보니 어떠한가요?

② 활동 후 느낀 점을 시작 방향을 정한 후 5자 토크 릴레이로 표현하고 감상한다.

활동지 ① 〉 인물 인터뷰 - 10문 10답

모둠 :

인물을 알 수 있는 질문 10가지를 찾은 후 구체적인 이유를 넣어 답을 작성하세요.

질문 :

 답 :

질문 :

 답 :

질문 :

 답 :

질문 :

 답 :

질문 :

 답 :

부록 ① 〉　인물 그리기

안경	점	주름
상처	수염	쌍꺼풀
귀걸이	보조개	모자

인물 창조 릴레이

모둠 :

가위바위보 릴레이로 인물을 창조하여 그리세요.(이기면 2획, 지면 1획)

3. 상상이 현실이 된 교실

활용 놀이　빙고

선택 놀이　♬교실에 가면~♬

수업목표　교실에서 찾은 수식어로 물건을 새롭게 상상하여 연극을 만들 수 있다.

준비물　활동지①(교실 빙고), 활동지②(수식어를 찾아라!), 필기도구, 가위, 풀(혹은 테이프), 다양한 색의 천

부록　부록①(교실 빙고), 부록②(다양한 수식어)

교육과정　도입　교실 빙고

(목표: 놀이로 교실 속 다양한 물건을 만날 수 있다.)

전개 1　수식어를 찾아라!

(목표: 교실 속 다양한 수식어를 찾을 수 있다.)

전개 2　상상이 현실이 되다!

(목표: 상상으로 수식어와 물건을 연결하여 연극을 만들 수 있다.)

정리 및 감상　활동 후 느낌 나누기

(목표: 교실 속 수식어로 느낀 점을 발표하고 감상할 수 있다.)

평가

평가 내용	평가 수준			평가 방법
	상	중	하	
교실에서 찾은 수식어로 물건을 새롭게 상상하여 연극을 만들 수 있나요?				관찰법 실기법

---

* 프로그램명을 '상상이 현실이 된 ○○'이라고 판서한 후 수업을 시작할 때 초성 퀴즈나 스무고개로 알아맞히게 하면 더 흥미롭게 시작할 수 있다. 또한, 수업 공간이 교실이 아닌 다른 공간인 경우엔 그것으로 변경하여 진행한다.

도입 교실 빙고

활동목표   놀이로 교실 속 다양한 물건을 만날 수 있다.

활동형태   모둠

준비물   활동지①(교실 빙고), 필기도구

활동방법   ① 모둠을 나눈 후 교실 속 모둠별 공간을 정한다.

② 〈곰 세 마리〉 노래를 부르는 동안 교실 속 물건을 각자 돌아다니면서 관찰한다.

③ 노래가 끝나면, 모둠별 공간에서 활동지①(교실 빙고)에 교실 속 물건들을 비밀리에 작성한다.

④ 모둠별로 활동지①을 완성하면, 순서를 정한 후 교실 빙고를 시작한다.

⑤ 모둠별로 물건을 말할 땐 모둠원 모두 함께 외친다.

⑥ 말한 물건은 동그라미를 크게 그려 글자가 꼭 보이도록 한다.

⑦ 3줄 빙고를 완성하면, 모둠원 모두 "빙고"라고 외친다.

⑧ 모둠별로 발표하지 않은 교실 속 물건은 어떤 것들이 있는지 나눈 후 마무리한다.

도움말

- 활동지①을 작성하거나 활동할 때 모둠별로 예민할 수 있으니 모둠별 공간을 최대한 분리하도록 한다.
- 교실 빙고 전 단계에 물건을 관찰하게 하는 것은 일상적 공간인 교실에서 평소 잘 살펴보지 못했던 다양한 물건들을 발견하게 하기 위함이다.
- 전개 2에서 수식어와 물건을 연결하는 활동이 있는 만큼 활동지①의 글자가 잘 보이도록 한다.

응용

- 수업 대상에 따라 9칸 빙고가 아닌 부록①(교실 빙고)을 활용하거나 그 이상의 칸으로 진행한다.
- 수업 시간이 충분하다면 나머지 모둠이 모두 빙고를 완성할 때까지 하여 교실 속 다양한 물건을 함께 살펴보도록 한다.

전개 1 ▷ 수식어를 찾아라!

활동목표   교실 속 다양한 수식어를 찾을 수 있다.

활동형태   모둠

준비물   활동지②(수식어를 찾아라!), 필기도구

활동방법   ① 교사가 교실에 있는 다양한 수식어를 찾는 시범을 보인다.
         예 책장의 책 제목, 교과서 속 문장, 게시판의 게시물 등
       ② 이를 바탕으로 수식어를 설명한다.

> 수식어는 다른 언어 표현을 좀 더 구체적으로 의미를 꾸며 주는 것을 말한다. 예를 들면 다음과 같다.
> 예 아낌없이 주는 나무, 어린 왕자, 행복한 왕자, 친절한 친구, 신나는 방학 등

       ③ 모둠별로 정해진 시간 동안 활동지②(수식어를 찾아라!)에 교실에 있는 다양한 수식어를 찾아 작성한다.
       ④ 모둠별 서기는 한 명으로 서로 찾은 내용을 함께 공유하며 쓰도록 한다.
       ⑤ 찾은 수식어는 어디에서 찾았는지 그 출처를 활동지②에 기록한다.
         예 친절한 친구(교과서), 아낌없이 주는 나무(책꽂이) 등
       ⑥ 정해진 시간이 되면 발표 모둠이 찾은 수식어를 발표한다.
       ⑦ 발표 후 수식어의 출처가 궁금하면 서로 묻고 답한다.
       ⑧ 모둠별로 중복된 수식어는 제외하고 발표한다.
       ⑨ 모둠별로 돌아가면서 수식어를 발표한 후 마무리한다.

> **도움말** ▷
> • 수식어의 출처를 기록해 놓는 것은 찾은 곳을 기억하기 위함과 같은 수식어가 다른 곳에서 다양하게 쓰일 수 있음을 알기 위함이다.
> • 모둠별 발표할 때 각 모둠의 서기는 중복된 부분을 미리 체크하여 제외하도록 한다.

응용

- 수업 중 도서관 활용이 가능하다면 책을 활용한 수식어 찾기를 한다.
- 활동지가 아닌 모둠별로 포스트잇에 작성해도 된다.
- 수업 공간에서 다양한 수식어를 찾기 어렵다면 신문과 잡지를 활용한다. 가장 좋은 자료는 시집이다. 다양한 수식어와 표현을 접할 수 있기 때문이다.
- 수업 시간이 짧다면 전개 1을 하지 않고, 부록②(다양한 수식어)를 활용하여 바로 다음 활동을 진행할 수 있다. 이때 다양한 수식어를 주거나 제비뽑기를 통해 선택한 수식어를 물건과 다양하게 연결하게 하여 진행할 수도 있다.

전개 2 ⟩ 상상이 현실이 되다!

활동목표　상상으로 수식어와 물건을 연결하여 연극을 만들 수 있다.

활동형태　모둠

준비물　활동지①(교실 빙고), 활동지②(수식어를 찾아라!), 가위, 풀(혹은 테이프), 다양한 색의 천

활동방법　① 모둠별로 활동지②에서 찾은 다양한 수식어를 가위로 자른다.
　　　　　② 활동지①의 교실 속 물건과 오린 수식어를 다양하게 상상하여 연결해 본다. 물건에 대한 상상은 실현 가능한 것에서 존재하지 않지만 있을 법한 창조적 상상까지 모두 가능하다.
　　　　　예 가방 : 아낌없이 주는 가방, 어린 가방, 행복한 가방, 친절한 가방 등

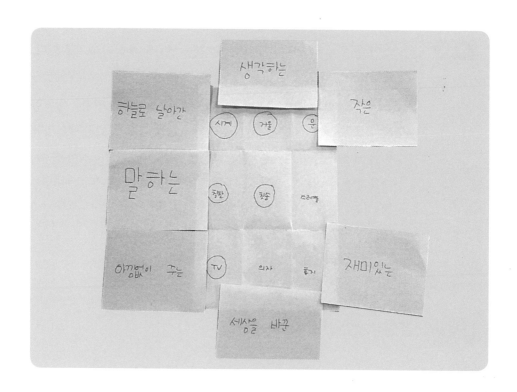

③ 이 중 한 가지의 수식어와 물건을 선택한다.

④ 선택한 물건과 수식어를 연결하여 연극으로 만든다.

> 예 세상을 바꾼 의자 : 의자에 손글씨를 쓰면 원하는 실제 공간으로 이동, 의자에 그린 상상의 공간으로 이동

⑤ 이때 선택한 물건은 연극에서 실제 물건을 활용할 것인지, 직접 역할로 표현할 것인지 등 구체적 표현 방법을 자유롭게 정한다.

⑥ 발표 모둠은 선택한 수식어와 물건을 소개한다.

⑦ 발표 전 나머지 참여 모둠은 물건에 대한 다양한 상상을 나눈다.

⑧ 모둠별로 연극을 발표한 후 마무리한다.

도움말

• 이 프로그램의 경우엔 상상한 것을 표현하는 것이기에 연극적 표현을 도울 수 있는 다양한 색의 천을 활용하면 좋다. 단, 천의 사용은 꼭 필요한 경우에만 한다. 수업 대상에 따라 천 자체가 놀이적 요소로 다가가 연극 만들기의 집중을 깨뜨리기 때문이다.

- 교실에서 찾은 수식어를 '교실'이라는 공간과 연결하여 상상한 것을 연극으로 만들게 해도 또 다른 흥미로운 프로그램이 될 수 있다.

  예 살아 있는 교실, 노래하는 교실, 시끄러운 교실, 빠른 교실, 반전 있는 교실 등

- 장소를 교실에서 확장하여 도입 활동을 '교실 빙고'가 아닌 '장소 빙고'로 구성하여 장소와 수식어를 연결하여 프로그램을 구성할 수도 있다.

정리 및 감상 활동 후 느낌 나누기

활동목표 교실 속 수식어로 느낀 점을 발표하고, 감상할 수 있다.

활동형태 2인 1조

준비물 활동지②(수식어를 찾아라!)

활동방법 ① 교실에서 찾은 수식어로 물건을 새롭게 상상하여 연극을 만들어 보니 어떠한가요?

② 활동 후 느낀 점을 활동지②에서 찾은 다양한 수식어 중 한 가지를 각자 선택한다.

③ 가까이에 있는 사람과 2명씩 짝이 되어 선택한 수식어와 이유로 느낀 점을 나누고 감상한다.

선택 놀이 ♬교실에 가면~♬

활동목표 놀이로 교실 속 다양한 물건을 만날 수 있다.

활동형태 전체

준비물 종이, 필기도구

활동방법 ① 〈곰 세 마리〉 노래를 부르는 동안 교실 속 물건을 각자 돌아다니면서 관

찰한다.

② 원으로 둘러앉은 후 원의 시작 방향을 정한다.

③ 노래에 맞춰 교실에 있는 물건을 첫 번째 학생이 말하면, 다음 학생은 첫 번째 학생이 말한 물건을 말한 후 자신이 선택한 물건을 이어 말한다. 진행 방향에 따라 같은 방법으로 놀이를 진행한다.

　예 학생1 : "교실에 가면 <u>책상</u>도 있고 ~"

　　학생2 : "교실에 가면 <u>책상</u>도 있고, <u>의자</u>도 있고 ~"

　　학생3 : "교실에 가면 <u>책상</u>도 있고, <u>의자</u>도 있고, <u>가방</u>도 있고 ~"

④ 이때 말한 순서와 물건을 다르게 말하면 안 된다.

⑤ 틀리면 그 자리에서 다시 놀이를 시작한다.

⑥ 교사는 놀이 중 나온 다양한 물건들을 종이에 기록한다.

⑦ 몇 차례 놀이를 더 진행한다.

⑧ 놀이 중 나온 다양한 교실 속 물건을 함께 살펴본 후 마무리한다.

도움말

• 교사가 적은 물건들은 전개 활동에서 모둠별로 다양하게 전달할 수 있다. 적은 내용을 칠판이나 교실 내 화면으로 공유할 수 있고, 포스트잇에 작성하여 모둠별로 무작위로 수식어에 연결할 소재로 줄 수 있다.

응용

• 수업 인원이 많은 경우 모둠 구성을 하여 모둠별로 동시다발적으로 진행한다.

• 수업 대상에 따라 말한 물건이 더해지는 방식이 아닌 각자 돌아가며 물건을 말하는 형식으로 난이도를 조정한다.

　예 학생1 : "교실에 가면, <u>책상</u>도 있고 ~"

　　학생2 : "교실에 가면, <u>의자</u>도 있고 ~"

　　학생3 : "교실에 가면, <u>가방</u>도 있고 ~"

활동지 ①   교실 빙고

모둠 : _____

교실에서 관찰한 물건을 빙고 칸에 작성하세요.

활동지 ② | 수식어를 찾아라!

공간에서 찾은 수식어를 쓴 후 괄호 안에 그 출처를 함께 작성하세요.

아끼없이 주는 (책꽂이)	( )	( )
( )	( )	( )
( )	( )	( )
( )	( )	( )
( )	( )	( )

부록 ① 〉 교실 빙고

모둠 : _____

교실에서 관찰한 물건을 빙고 칸에 작성하세요.

시끄러운	독특한	느린
반전 있는	슬픈	어두운
착한	사라지는	튼튼한
아름다운	노래하는	부지런한
신기한	세상을 바꾼	행복한

빠른	시원한	지혜로운
말하는	아낌없이 주는	화난
처음 보는	생각하는	행복한
하늘로 날아간	재주 많은	뜨거운
살아있는	재미있는	움직이는

4. 낙서의 탄생?

활용 놀이 낙서, 숨은그림찾기

수업목표 낙서 속 숨은 이야기를 찾아 연극을 만들 수 있다.

준비물 활동지①(단서로 범인을 추리하라!), 활동지②(낙서로 표현하는 마음), 전지, 채색
도구, 핸드벨, 포스트잇, 필기도구, 테이프

부록 부록①(낙서하자!), 부록②(낙서 속 숨은 단서를 찾아라!)

교육과정 도입 즐거운 낙서 시간
(목표: 즐겁게 낙서를 할 수 있다.)

전개 1 낙서 속 숨은 단서를 찾아라!
(목표: 낙서에서 낙서 단서를 찾을 수 있다.)

전개 2 낙서 탄생 추리극
(목표: 낙서 단서로 추리한 문장으로 연극을 만들 수 있다.)

정리 및 감상 활동 후 느낌 나누기

(목표: 낙서로 느낀 점을 표현하고, 이를 감상할 수 있다.)

평가

평가 내용	평가 수준			평가 방법
	상	중	하	
낙서 속 숨은 이야기를 찾아 연극을 만들 수 있는가?				관찰법 실기법

도입 즐거운 낙서 시간

학습목표 즐겁게 낙서를 할 수 있다.

활동형태 모둠

준비물 전지, 채색도구, 핸드벨

활동방법
① 교사는 낙서할 것을 알린 후 학생들과 허공에 손가락으로 마음껏 낙서 연습을 한다.
② 모둠을 나눈 후 모둠별 공간에 전지, 채색도구를 가지고 원으로 앉는다.
③ 모둠별로 모둠원의 낙서할 순서를 정한다.
④ 교사의 핸드벨 신호에 따라 순서대로 정해진 시간만큼 낙서한다.
⑤ 모두 낙서를 마치면, 모둠별로 한 낙서를 감상한 후 마무리한다.

도움말
- 낙서 연습을 하는 것은 생각보다 말 그대로의 낙서가 누구에게나 쉽지 않기 때문이다. 낙서 연습을 할 때 모두 알고 있는 노래를 부르거나 들으면서 해도 좋다.
- 교사는 모든 모둠원이 같은 시간만큼 낙서하도록 핸드벨로 신호를 주거나 번호를 외쳐 순서를 알린다. 또는 모두가 "무궁화 꽃이 피었습니다"를 외치거나 함께 아는 노래 한 소절을 불러 일정한 시간을 정하면 좋다.
- 낙서인 만큼 각자 좋아하는 채색도구를 자유로이 선택할 수 있도록 다양한 채색도구를 준비한다. 다양한 채색도구 만큼 낙서도 다양해지는 장점이 있다.
  예 색연필, 크레파스, 네임펜, 매직, 파스넷 등

응용
- 수업 인원이 적은 경우엔 전체 활동으로 칠판이나 화이트보드를 직접 활용한다.
- 수업 인원이 많다면 부록①(낙서하자!)을 활용하여 각자 낙서를 충분히 한 후 그것을 모아서 전개 활동을 진행한다.
- 전지와 채색도구가 아닌 털실을 활용하여 바닥 혹은 모둠별 책상 위에 낙서할 수 있다. 털실의 특성상 다양한 선이 만들어질 수 있다는 장점과 그 특성으로 똑같은 낙서가 될 수 없기에 새로운 낙서를 만들어낸다. 털실로 하는 경우엔 모둠별로 털실 한 뭉치를 주거나 일정한 길이의 털실을 각자 나눠주면 된다.

〈전개 1〉 낙서 속 숨은 단서를 찾아라!

활동목표   낙서에서 낙서의 단서를 찾을 수 있다.

활동형태   모둠

준비물   전지, 포스트잇, 필기도구, 핸드벨

활동방법   ① 교사는 학생들과 직접 했던 낙서나 보았던 낙서에 대해 나누며 낙서한 인물, 장소, 이유 등을 다양하게 나눈다.

                예 아빠가 출장 가는 것이 싫어 여권에 낙서한 아이, 수업 시간이 지루해 교과서에 낙서하는 학생, 친구와 통화를 하면서 나도 모르게 하는 노트 낙서, 유명한 관광지나 음식점에 다녀감을 알리는 다양한 손님들의 각종 낙서, 화장실 벽에 장난 글을 쓰는 학생 등

          ② 교사는 핸드벨을 울려 모둠별 낙서가 누군가 한 낙서라고 상상하는 의식을 한다.

          ③ 모둠별로 낙서를 누가, 어디에, 왜 하게 되었는지 단서를 낙서 속 숨은 그림에서 찾는다. 이때 상황이나 인물을 구체화할 수 있는 수식어도 찾는다.

                예 울퉁불퉁한, 꼬인, 어지러운, 부글부글, 두근두근, 흐물흐물 등

          ④ 각자 충분한 포스트잇과 필기도구를 준비한다.

          ⑤ 낙서를 다양한 방향으로 살펴본 후 숨어있는 단서를 찾아낸다.

          ⑥ 찾아낸 것을 포스트잇에 적은 후 찾아낸 위치에 놓는다.

          ⑦ 한 가지의 낙서를 보고 서로 다양한 것을 찾아낼 수 있다.

          ⑧ 정해진 시간 동안 모둠별로 숨은 그림을 찾아내면, 어떤 단서들을 찾았는지 함께 살펴본 후 마무리한다.

 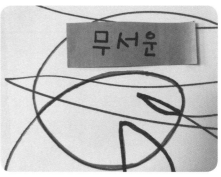

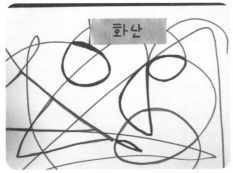
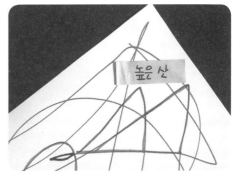

- 낙서는 단순한 끄적임이 아닌 마음의 표현이자 마음의 균형을 찾기 위한 표현 활동이다. 낙서를 활용한 미술치료 기법인 난화는 이를 통해 무의식을 의식화하여 마음을 살펴보거나 내적 갈등과 욕구를 해소하기도 한다.
- 시작 활동으로 교사와 학생이 다양한 낙서에 대해 나눔으로 낙서에 대한 생각을 확장하는 것이 매우 중요하다. 이를 통해 생각보다 우리 주변에 다양한 대상이 여러 이유로 생각지 못한 곳들에 낙서함을 발견하게 된다. 따라서 이 활동은 단서를 찾는 기초 작업인 동시에 낙서 속 이야기를 찾아낼 수 있는 디딤돌 역할을 한다.
- 찾아낸 것을 정확하게 기억, 공유하기 위해 포스트잇에 화살표로 방향을 표시한다. 혹은 화살표 모양의 포스트잇을 활용한다.
- 낙서에서 서로 찾아낸 그림이 중복될 경우 적지 않는다.

- 낙서에 대한 생각을 구체적으로 확장할 수 있도록 다양한 낙서 이미지로 활동을 시작해도 좋다. 인터넷에 '낙서' 키워드로 이미지 검색을 하면 다양한 낙서 이미지 자료를 손쉽게 찾을 수 있다. 수업 대상에 따라 모둠별로 검색 도구를 활용하여 낙서 이미지를 찾도록 한다.
- 수업 인원이 적다면 전체 활동으로 진행하여 숨은 단서를 찾는다.
- 수업 시간에 따라 도입 활동 대신 부록②(낙서 속 숨은 단서를 찾아라!)를 활용하여 활동을 진행할 수 있다.

낙서 탄생 추리극

활동목표   낙서 단서로 추리한 문장으로 연극을 만들 수 있다.

활동형태   모둠

준비물   전지, 포스트잇, 활동지①(단서로 범인을 추리하라!), 필기도구, 테이프

활동방법   ① 교사는 작성된 포스트잇이 낙서한 인물, 장소, 이유, 상황 등을 알려주는 결
정적 단서임을 설명한다. 이를 단서로 활동지①(단서로 범인을 추리하라!)에
다양한 추리 문장을 만드는 시범을 보인다. 수식어는 인물이나 장소, 이유
등에 다양하게 적용할 수 있다.

예 (인물)가 (어디)에 (이유)서 낙서를 했다.(수식어는 밑줄)

(<u>두근두근</u> 떨면서 아이)가 (아빠의 여권)에 (출장을 보내기 싫어)서 <u>어지</u>
<u>럽게</u> 낙서를 했다.

(선생님한테 혼난 아이)가 (수업 중 교과서)에 (공부하기 싫어)서 교과서
가 <u>흐물흐물</u>해질 때까지 낙서를 했다.

(<u>부글부글</u> 화가 난 아이)가 (화장실 벽)에 (놀리는 친구가 싫어 그 친구를
놀리는) 낙서를 했다.

---

② 모둠별로 작성된 포스트잇을 단서로 활동지①에 다양한 추리 문장을 완성
한다. 이때 수식어는 인물과 상황에 맞게 선택적으로 넣는다.

③ 모둠별로 완성된 활동지①의 추리 문장을 돌아가면서 발표하고 나눈다.

④ 모둠별로 한 가지 추리 문장을 선택한다.

⑤ 선택한 문장에 결과를 넣어 연극을 만든다.

⑥ 모둠별 발표 공간과 낙서 위치는 연극적 상황에 맞게 자유롭게 선택한다.

⑦ 모둠별로 연극을 발표한 후 마무리한다.

• 단서는 즉흥적으로 주어진 추리를 위한 소재일 뿐이다. 그러므로 다양하게 상상하여 추리 문장을 완성하도록 한다.

• 활동을 통해 찾아낸 수식어와 문장 작성할 때 수식어를 적극적으로 활용하면 인물이나 상황이 구체화되어 연극적 표현이 더욱 분명해진다.

• 활동지①의 추리 문장 발표는 짧은 시간 다양한 상상을 만날 수 있는 장점이 있지만, 수업 시간에 따라 활동지①의 발표는 선택적으로 진행해도 된다.

정리 및 감상 　활동 후 느낌 나누기

활동목표 　낙서로 느낀 점을 표현하고, 이를 감상할 수 있다.

활동형태 　모둠

준비물 　활동지②(낙서로 표현하는 마음), 채색도구

활동방법 　① 낙서 속 숨은 이야기를 찾아 연극을 만들어 보니 어떠한가요?

② 활동 후 느낀 점을 활동지②(낙서로 표현하는 마음)에 각자 표현하고, 모둠끼리 발표하고 나눈다.

• 활동 후 느낀 점을 전개 1에서 찾은 포스트잇 단서로 빗대어 나눌 수 있다.

　예 "오늘 '따봉'이었어요. 낙서하는 것도 흥미로웠지만, 낙서를 추리하여 연극을 만드는 것이 재미있었어요!" 등

• 수업 인원이 적다면 전체 활동으로 진행한다.

活동지 ① 　　　단서로 범인을 추리하라!

모둠 :

찾아낸 단서로 인물, 장소, 이유 등을 상상하여 추리 문장을 완성하세요. 찾아낸 수
식어는 인물과 상황에 맞게 선택적으로 사용하세요.

▌ (　　　인물　　　)가 (　　　어디　　　)에 (　　　이유　　　)서 낙서를 했다.

▌ (　　　　　　　)가 (　　　　　　　)에 (　　　　　　　)서 낙서를 했다.

▌ (　　　　　　　)가 (　　　　　　　)에 (　　　　　　　)서 낙서를 했다.

▌ (　　　　　　　)가 (　　　　　　　)에 (　　　　　　　)서 낙서를 했다.

▌ (　　　　　　　)가 (　　　　　　　)에 (　　　　　　　)서 낙서를 했다.

▌ (　　　　　　　)가 (　　　　　　　)에 (　　　　　　　)서 낙서를 했다.

활동지 ②   낙서로 표현하는 마음

이름 :

낙서 속 숨은 이야기를 찾아 연극을 만들어 본 느낌을 자유롭게 낙서로 표현하세요.

부록 ① ＞ 낙서하자!

이름 : _____

신나게 나만의 낙서를 해보세요.

낙서 속 숨은 단서를 찾아라!

이름 : _____

낙서에 숨어있는 다양한 단서를 찾으세요.

이름 :

낙서에 숨어있는 다양한 단서를 찾으세요.

부록 ② 낙서 속 숨은 단서를 찾아라!

이름 :

낙서에 숨어있는 다양한 단서를 찾으세요.

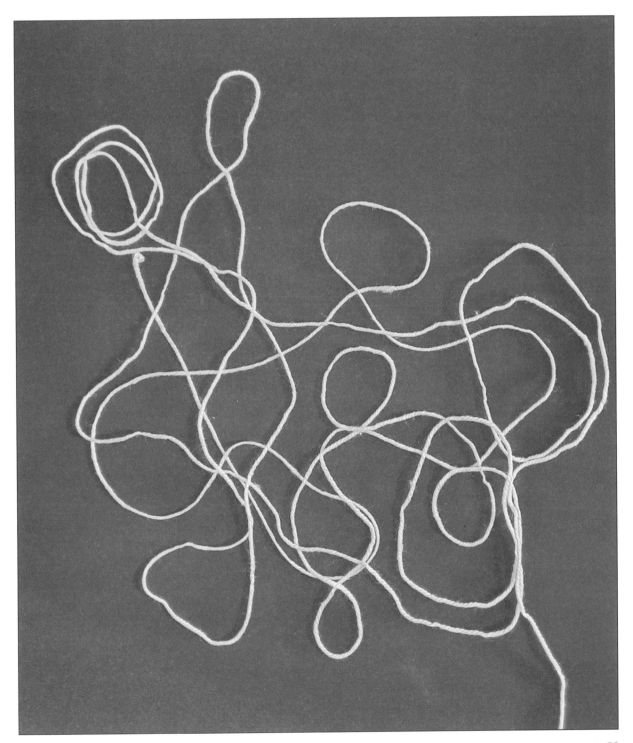

5. 표정 부자 달*

활용 놀이   숨은그림찾기, 퍼즐

선택 놀이   나는 요~

수업목표   달로 만든 다양한 표정 속 숨은 이야기로 연극을 만들 수 있다.

준비물   활동지①(숨은 표정 찾기), 활동지②(우리가 그리는 달), 활동지③(표정 짓는 달), 채색도구, 천, 가위, 풀

부록   부록①(달의 다양한 변화 모양), 부록②(달 모양), 부록③(다양한 감정), 부록④(내가 짓는 표정), 부록⑤(나는 요~)

교육과정   도입   숨은 표정 찾기
(목표: 달로 만든 다양한 표정을 만날 수 있다.)

전개 1   우리가 그리는 달
(목표: 달의 변화 모양을 직접 그리고 감상할 수 있다.)

전개 2   표정 짓는 달
(목표: 달로 다양한 표정을 만들고 표정의 이름을 지을 수 있다.)

전개 3   달 표정 속 숨은 이야기를 찾아라!
(목표: 달 표정 속 숨은 이야기를 상상하여 연극을 만들 수 있다.)

정리 및 감상   활동 후 느낌 나누기
(목표: 달로 만든 다양한 표정으로 느낀 점을 표현하고 감상할 수 있다.)

평가

평가 내용	평가 수준			평가 방법
	상	중	하	
달로 만든 다양한 표정 속 숨은 이야기로 연극을 만들 수 있는가?				관찰법 실기법

---

* 프로그램명과 활동명을 판서할 때 '달'은 모두 'ㅇ'이라고 쓴다. 'ㅇ'은 글자를 채우는 빈칸인 동시에 보름달 모양이기도 하다. 도입 활동으로 'ㅇ'을 알아볼 것이라 안내한 후 시작한다.

도입 숨은 표정 찾기

활동목표 달로 만든 다양한 표정을 만날 수 있다.

활동형태 모둠

준비물 활동지①(숨은 표정 찾기), 채색도구

활동방법 ① 모둠을 나눈 후 모둠별 공간에 활동지①(숨은 표정 찾기), 필기도구를 가지고 앉는다.

② 모둠별로 활동지①을 여러 방향으로 살펴보면서 방향에 따라 달라지는 다양한 표정을 찾는다.

③ 찾은 표정엔 동그라미 표시 후 차례대로 숫자를 적고, 어떤 표정인지 이름을 지어 작성한다.

　　예 ① 행복한, ② 편안한, ③ 흐뭇한 등

④ 모두 표정 찾기를 마치면, 가까운 두 모둠이 서로 바꾸어 모둠별로 찾은 표정과 표정의 이름을 비교하며 살펴본다.

⑤ 교사는 우리가 찾은 다양한 표정들이 모두 'ㅇ'로 만들어졌는데, 'ㅇ'이 무엇인지 함께 나눈다.

⑥ 단계별 힌트로 '달' 정답을 함께 알아본 후 프로그램 제목을 완성한 후 마무리한다.

도움말

• 표정의 이름은 모둠별로 보이는 표정이 정답임을 강조하여 자유롭게 이름을 짓도록 한다.

• 표정을 찾을 때 헷갈리지 않도록 색을 바꾸어 표시해두면 좋다.

• 모둠별로 활동지①을 바꾸어 보는 과정에서 상대 모둠이 찾지 못했던 표정을 살펴보거나 같은 표정인데 서로 다른 표정의 이름을 지은 경우를 살펴볼 수 있도록 안내한다.

• 'ㅇ'의 단계별 힌트는 초성 힌트가 될 수도 있고, 스무고개처럼 질문에 대한 답 (예 혹은 아니오)으로 힌트를 줄 수도 있다.

- 활동지①은 클수록 좋으니 가능하면 A3로 확대 복사해서 활용하면 좋다.

전개 1   우리가 그리는 달

활동목표   달의 변화 모양을 직접 그리고 감상할 수 있다.

활동형태   모둠

준비물   활동지②(우리가 그리는 달), 채색도구, 천, 가위

활동방법   ① 모둠별로 모둠원의 그림 그릴 순서와 각자 원하는 채색도구를 선택한다.

② 활동지②(우리가 그리는 달)에 모둠원 순서대로 달의 모습을 초승달에서 보름
달까지 이어 그리기를 한다.

③ 그리기 과정에서 채색 여부는 각자 선택한다.

④ 모둠별로 완성된 달의 변화 모양을 잘라 순서대로 천 위에 전시를 한다.

⑤ 모두 완성된 달을 감상한 후 마무리한다.

도움말

- 채색도구나 채색 여부에 따라 다양한 형태의 모습이 나올 수 있기에 되도록 다
양한 채색도구를 준비한다.

예 색연필, 크레파스, 매직, 네임펜 등

- 수업 대상에 따라 달의 변화 과정을 그리기 어려워한다면 부록①(달의 다양한 변
화 모양)을 예로 보여준다.

- 달의 변화 과정을 정확하게 그리는 것이 중요한 것이 아닌, 변화 과정을 직접 상
상하여 그리는 것이 중요함을 강조한다.

- 활동지② 한 장에 모두 그리는 것이 아니니 모둠별 진행 상황을 고려하여 활동지
를 넉넉히 준비한다. 혹은 활동지② 한 장에 하나씩을 그려도 된다.

- 모둠 인원에 따라 이어 그릴 땐 한 사람이 한 번에 하나씩 그릴 수도 있고, 한 번
에 2-3개씩 연속으로 그리도록 정할 수도 있다.

• 수업 대상에 따라 그림의 크기가 작으면 가위질이 어려울 수 있으니 일정한 크기의 예를 제시하도록 한다.
• 모둠별 달을 감상하는 과정에서 결과물을 비난하거나 평가하지 않도록 한다.

응용 • 수업 시간이 따라 부록②(달 모양)을 공통으로 활용할 수 있다. 같은 모양으로도 비슷하거나 혹은 전혀 다른 다양한 표정이 나올 수 있다.

전개 2 표정 짓는 달

활동목표 달로 다양한 표정을 만들고, 표정의 이름을 지을 수 있다.

활동형태 모둠

준비물 활동지②(우리가 그리는 달), 활동지③(표정 짓는 달), 풀

활동방법 ① 모둠별로 활동지②의 달의 다양한 변화 모양으로 활동지③(표정 짓는 달)에 다양한 표정을 만든다.

슬픈 표정

화난 표정

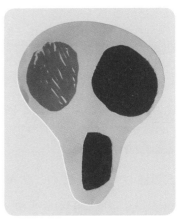
놀란 표정

② 표정은 도입의 활동지①처럼, 방향에 따라 다른 표정을 짓게 할 수도 있다.
③ 완성한 표정에 구체적인 감정이 드러나는 이름을 짓는다.

〔예〕 웃는 표정 : 기쁜, 편안한, 행복한, 만족스러운, 뿌듯한, 설레는 등
④ 모둠별로 완성한 표정과 이름을 발표한 후 마무리한다.

도움말
- 모둠별 달의 변화 모양의 개수는 한정되어 있으니 다양한 표정을 만들어 본 후 그중 선택한 표정을 활동지③에 붙이도록 한다.
- 만들어야 할 표정의 개수는 없으니 모둠에서 자유롭게 만들도록 한다.
- 표정을 만드는 과정에서 추가로 달에 채색을 원한다면 해도 된다.
- 달의 모양을 겹쳐서 하는 표현도 가능하다.
- 표정 이름은 감정이나 상황이 드러나는 것도 가능하다.
  〔예〕 눈치 보는, 바쁜, 잘난 척하는, 외면하는 등

응용
- 활동지②를 복사해서 모든 모둠이 활용하면 모둠별로 그린 모양도, 크기도, 형태도 달라서 훨씬 더 다채로운 표정이 가능해서 좋다.
- 수업 대상에 따라 표정의 이름을 짓기 어려워한다면 부록②(다양한 감정)를 활용한다.

전개 3 달 표정 속 숨은 이야기를 찾아라!

활동목표   달 표정 속 숨은 이야기를 상상하여 연극을 만들 수 있다.

활동형태   모둠

준비물   활동지③(표정 짓는 달)

활동방법   ① 달의 표정이 '달 세상 속 이야기'와 '달이 바라보는 세상 이야기'의 두 가지 상황에서 짓는 달의 표정임을 안내한다.
  〔예〕 웃는 표정 : 행복한
    달 세상 속 이야기 : 겁이 많아 사실은 밤이 무서운 달에게 별이 말동무

가 되어줄 때

달이 바라보는 세상 이야기 : 도움이 필요한 사람을 함께 도와주는 모습
을 볼 때

② 두 가지 상황별로 달의 표정에 대한 다양한 이유와 상황에 대해 나눈다.

③ 모둠별로 한 가지의 상황과 표정을 선택하고, 이에 따른 이유를 상상하여 연
극을 만든다.

④ 발표 모둠은 선택한 상황과 표정을 소개한 후 연극을 발표한다.

⑤ 모둠별로 연극을 발표한 후 마무리한다.

도움말

• 두 가지 중 선택한 상황에 따라 달을 역할로 혹은 그려진 표정으로 표현할 수
있다.

• 달 역할을 교실 속 다양한 물건을 상상 변형하여 표현하도록 하면 생각보다 다
양한 표현을 만날 수 있다.

• '달 세상 속 이야기'는 상상의 이야기인 만큼 다양한 상상의 역할이 가능하며, 의
인화하여 표현하도록 한다.

응용

• 수업 대상이 이야기 만들기를 잘한다면 두 가지 표정을 선택하여 표정의 변화
이야기로 연극을 만들게 할 수 있다. 혹은 모둠별로 한 가지의 표정을 선택하게
한 후 전체가 공통으로 마지막에 짓는 한 가지의 표정을 정하여 연극을 만들게
할 수 있다.

활동 후 느낌 나누기

활동목표   달로 만든 다양한 표정으로 느낀 점을 표현하고 감상할 수 있다.

활동형태   전체

준비물   활동지③(표정 짓는 달)

활동방법   ① 달로 만든 다양한 표정 속 숨은 이야기로 연극을 만들어 보니 어떠한가요?

② 원으로 둘러앉은 후 모둠별 활동지③을 원 안에 놓는다.

③ 시작 방향을 정한 후 돌아가면서 자신이 선택한 표정과 이유에 대해 느낀 점을 발표한다.

응용
- 활동지③의 표정으로만 하지 않고, 자연스럽게 자신의 느낌을 표정으로 빗대어 발표해도 좋다.
- 시간이 충분하다면 부록③(내가 짓는 표정)을 활용하여 각자 수업의 느낀 점을 표정으로 그린 후 나눠도 좋다.

선택 놀이   나는 요~

활동목표   놀이를 통해 'ㅇ'인 '달'을 알아볼 수 있다.

활동형태   모둠

준비물   부록④(나는 요~), 필기도구

활동방법   ① 모둠을 나눈 후 모둠별 공간에 앉는다.

② 교사는 지금부터 〈나는 요 ~다!〉놀이를 통해 'ㅇ'을 알아볼 것이라 안내한다.

③ 먼저 교사가 "나는 요~ 모양이 동그랗습니다"라고 말한다.

예 "나는 요~ 모양이 점점 바뀝니다", "나는 요~ 어두운 밤에 볼 수 있습니다", "나는 요~ 하늘에 있습니다", "나는 요~ 사람들이 나에게 소원을 빌기도 합니다", "나는 요~ 어둠을 밝힙니다" 등

④ 모둠별로 돌아가면서 한 가지씩 질문을 하면, 교사는 "예" 혹은 "아니오"로만 답한다.

⑤ 활동에서 나온 다양한 단서들을 부록④(나는 요~)에 잘 기록한다.

⑥ 모둠별로 질문을 마치면, 교사는 상황에 맞게 '나는 요~다!' 예시문 중 하나를 말한다.

⑦ 모둠별로 정답을 맞힐 땐 모둠원 모두 정답이라 외친 후 정답을 이야기한다. 정답을 맞힐 기회는 2번이다.

⑧ 정답을 맞히면, 프로그램 제목을 완성 후 마무리한다.

도움말

- 모둠별 질문은 충분히 상의해서 정하도록 한다.
- '나는 요~다!'의 처음엔 다양한 추측이 가능한 정보에서 점차적으로 구체적인 정보로 나아가도록 한다.
- 정답을 맞힐 기회는 수업 대상에 따라 조정한다. 혹은 모둠별로 1번의 기회를 줄 수도 있다.

응용

- '나는 요~다!'를 정해진 몇 차례만 진행한 후 모둠별로 기록한 단서들을 바탕으로 정답을 상의하게 한다. 이후 부록①의 뒷면에 큰 글씨로 정답을 쓴 후 동시에 들어 정답을 확인할 수 있다.
- 수업 시간이 충분하다면 모둠별로 정답을 비밀리에 부록①에 써 와 맞히게 하고, 나머지 모둠이 모두 정답을 맞힐 때까지 하는 방식으로 진행한다. 더불어 정답을 맞힌 모둠이 나머지 모둠에게 '나는 요~다!'를 하게 하면 흥미롭게 참여할 수 있다.

활동지 ① 　　숨은 표정 찾기

다양한 방향으로 살펴보며 찾은 표정에 동그라미 표시 후 숫자를 적고, 표정의 이름을 작성하세요.

활동지 ②　우리가 그리는 달

모둠 : _____

초승달에서 보름달까지 달의 변화 모양을 상상하여 단계적으로 그리세요.

활동지 ③ 〉 표정 짓는 달

이름 : _____

달의 변화 모양을 활용하여 다양한 얼굴표정을 만들고, 이름을 지어 보세요.

부록 ①   달의 다양한 변화 모양

부록 ② 달 모양

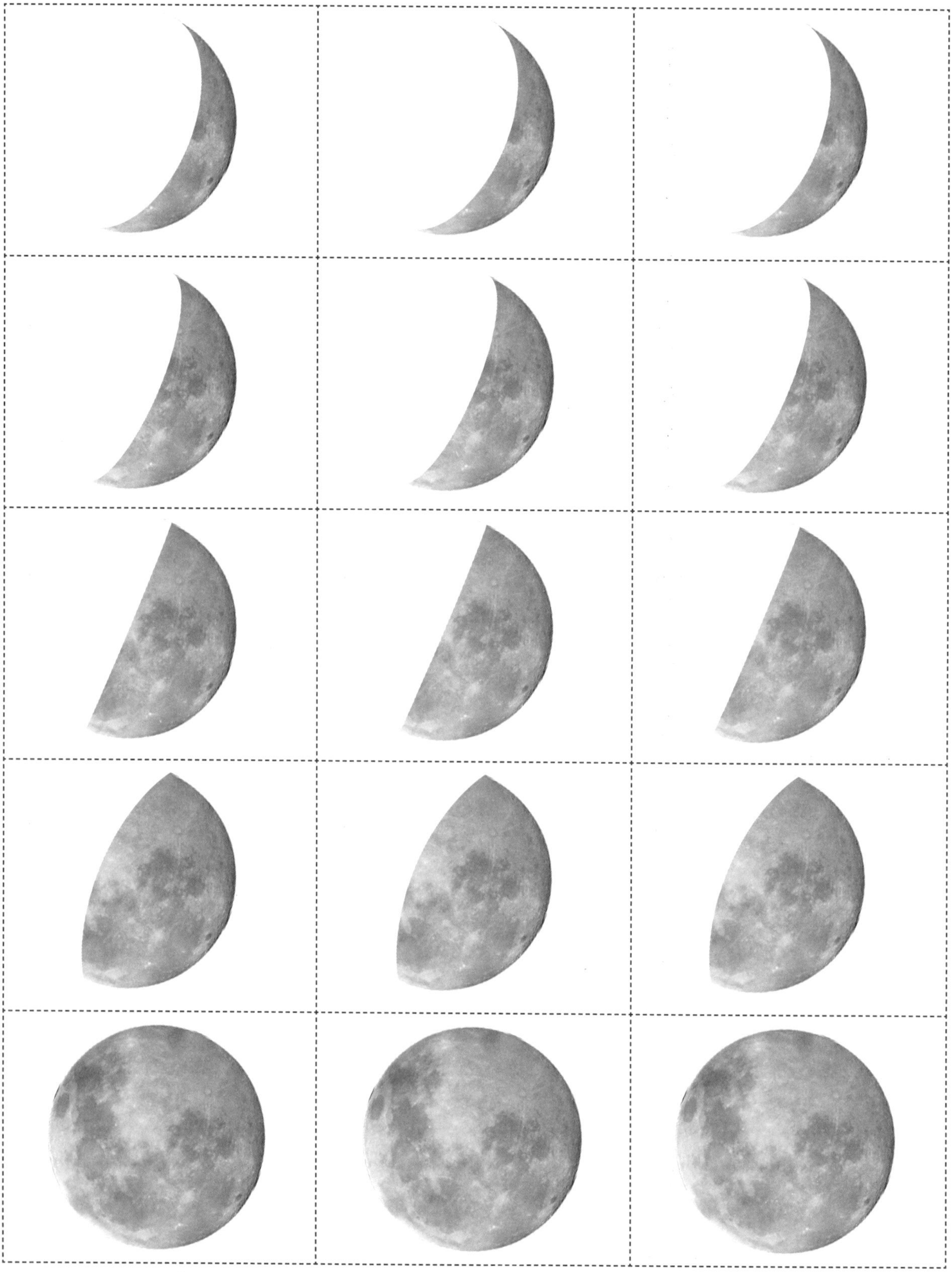

아쉬운	궁금한	속상한	억울한
기쁜	고마운	편안한	답답한
쓸쓸한	당황스러운	미안한	지루한
불안한	행복한	무서운	혼란스러운
화난	답답한	후회하는	얄미운

부록 ④	내가 짓는 표정

이름 :

달로 만든 다양한 표정 속 숨은 이야기로 연극을 만들어 본 느낌을 표정으로 그리세요.

부록 ⑤ 나는 요~

모둠 :

모둠의 질문과 활동에서 나온 다양한 단서를 작성하세요.

6. '찾다'를 찾다!

활용 놀이   동전 찾기

선택 놀이   달라진 곳을 찾아라!

수업목표   '찾다'의 뜻에 맞는 다양한 예시문으로 연극을 만들 수 있다.

준비물   활동지①('찾다' 국어사전), 활동지②('찾다'의 다양한 예시문을 찾아라!), 동전, 필기도구, 테이프, 가위

부록   부록①('찾다'의 예시문을 완성하라!)

교육과정   도입   동전을 찾다!
(목표: 동전으로 찾기 놀이를 할 수 있다.)

전개 1   '찾다'의 다양한 예시문을 찾아라!
(목표: '찾다' 뜻에 맞는 다양한 예시문을 쓸 수 있다.)

전개 2   보고, 듣고, 즐기는 국어사전
(목표: 선택한 예시문의 이유와 해결(결과)을 넣어 연극을 만들 수 있다.)

정리 및 감상   활동 후 느낌 나누기

(목표: 느낀 점을 한 문장으로 말하고 나눌 수 있다.)

평가

평가 내용	평가 수준			평가 방법
	상	중	하	
'찾다'의 뜻에 맞는 다양한 예시문으로 연극을 만들 수 있는가?				관찰법 실기법

도입 동전을 찾다!

활동목표 동전으로 찾기 놀이를 할 수 있다.

활동형태 모둠(2)

준비물 동전

활동방법 ① 가까이에 있는 2명씩 짝을 지어 가위바위보를 한다.

② 이긴 학생과 진 학생으로 두 모둠을 구성하여 마주 보고 앉는다.

③ 교사는 활동의 두 가지 미션을 소개한다. 동전을 전달하는 모둠의 미션은 손에서 손으로 동전을 전달하는 척하며, 동전이 누구의 손에 있는지 모르게 숨기는 것이다. 반대로 상대 모둠의 미션은 동전이 누구의 손에 있는지 관찰하여 찾는 것이다.

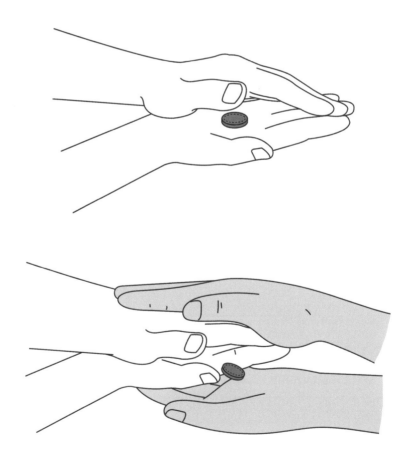

④ 모둠별로 서로 등지고 앉아서 손에서 손으로 동전을 전달하는 연습을 몇 차례 한다.

⑤ 이긴 모둠 먼저 시작 방향을 정해 손에서 손으로 동전을 전달한다. 전달받을 땐 한 손으로 받거나 두 손을 모아서 받는 등 각자 자유롭게 선택하면 된다.

⑥ 전달 활동이 시작되면 두 모둠 다 말을 할 수 없다.

⑦ 동전이 끝까지 전달되면, 진 모둠은 일정 시간 동안 누구에게 동전이 있을지 충분히 상의하여 2명을 정한다.

⑧ 진 모둠이 선택한 학생의 이름을 외치면, 모두 "하나, 둘, 셋"을 외친다.

⑨ 지목된 학생은 자신의 손바닥을 펼쳐 정답을 함께 확인한다.

⑩ 두 번의 기회로 동전을 찾지 못했을 땐 "하나, 둘, 셋"을 외치며 모두 동시에 손바닥을 펼쳐 정답을 확인한다.

⑪ 모둠을 바꾸어 진행한 후 마무리한다.

도움말

- 수업 대상에 따라 저학년은 100원짜리 동전으로, 중학년부터는 500원짜리 동전을 활용한다. 전달 물건은 돌멩이, 엽전, 지우개, 모형인형 등도 가능하다. 전달 물건은 수업 대상에게 너무 작지도, 크지도 않은 긴장감을 일으키는 크기가 가장 이상적이다.

- 동전을 끝까지 전달할 때까지 모둠원 모두 동전을 가지고 있는 것처럼 연기하는 것이 매우 중요함을 강조한다.

- 동전을 전달하는 과정에서 두 모둠 다 말을 하지 않는 이유는 자칫 동전을 전달하는 과정에 대한 말들이 평가나 비난이 되어 활동을 방해할 수 있기 때문이다.

- 동전을 전달하거나 전달하는 척하는 것이 생각보다 쉽지 않으니 모둠별로 꼭 연습 시간을 갖는다. 이 과정을 통해 동전을 전달하는 표현이 자연스럽고 다양해진다.

- 동전을 숨길 학생을 미리 정하지 않도록 한다. 즉흥으로 인해서 하는 모둠도, 보는 모둠도 모두 흥미진진하게 참여할 수 있다.

- 활동 중 실수로 동전이 보이거나 동전을 떨어뜨렸을 땐 시작 방향을 반대로 하여 다시 시작한다. 실수한 학생에게 비난이 갈 수 있기 때문이다.

- 활동은 바닥에 앉거나 의자에 앉아도 된다. 단, 전달 거리를 위해 촘촘히 앉도록 한다.

• 전달 물건을 모둠별로 교실 속 물건 중 한 가지를 선택하게 할 수 있다.

• 이 활동은 시각이 활용되기에 연극의 〈감각 깨우기〉 활동에 활용될 수 있다.

전개 1 '찾다'의 다양한 예시문을 찾아라!

활동목표 '찾다' 뜻에 맞는 다양한 예시문을 쓸 수 있다.

활동형태 전체

준비물 활동지①('찾다' 국어사전), 활동지②('찾다'의 다양한 예시문을 찾아라!), 필기도구, 테이프

활동방법 ① 교사는 학생들과 동전을 찾는 과정 중의 행동을 생각해보며 '찾다'의 뜻은 무엇일지 나눈다.

② 활동지①('찾다' 국어사전)의 뜻을 함께 읽어본다.

찾다.

1. 사람을 보거나 지금 없는 물건을 얻으려고 이곳저곳 뒤지거나 살피다.
 (예시문) 언니가 온 집안을 뒤지면서 시계를 찾는다.

2. 빌려주거나 맡기거나 잃거나 빼앗긴 것을 돌려받다.
 (예시문) 은행에서 돈을 찾았다.

3. 사람을 만나거나 볼일을 보려고 어떤 곳으로 가다.
 (예시문) 명절에는 집안 어른들을 찾아 인사를 드리자.

4. 모르는 것을 살피거나 알아내다.
 (예시문) 고장 원인을 찾아야 기계를 고치지.

5. 어떤 사실을 알아내거나 밝히려고 책이나 자료를 뒤지다.
 (예시문) 전화번호부에서 옛날 동무의 전화번호를 찾았다.

---

6. 필요한 것을 구하거나 바라다.

(예시문) 목이 말라 물을 찾았다.

출처 : 윤구병 감수, 토박이 사전 편찬실 엮음, 『보리 국어사전』, (주)도서출판 보리, 1999.

③ 동전 찾기에서 우리가 한 찾기는 어떤 뜻에 해당하는지 나눈다.

④ 교사는 학생들 모두 국어사전을 만드는 사람이 되어 '찾다'의 각각의 뜻을 잘 이해시켜 줄 다양한 예시문을 만들 것이라 소개한다.

⑤ 교사는 수업 공간 곳곳에 활동지②('찾다'의 다양한 예시문을 찾아라!)를 뜻별로 붙인다.

⑥ 학생들 각자 활동지② 뜻별로 예시문을 작성한다.

1 - 숨바꼭질에서 찾지 못한 한 명을 생각하지 못한 곳에서 찾았다.

2 - 엄마한테 빼앗긴 게임기(휴대폰)를 드디어 찾았다.

3 - 범인을 찾기 위해 CCTV를 보러 갔다.

4 - 일기장에서 언니가 감추고 있는 비밀을 찾았다.

5 - 학교폭력 예방 UCC를 찍기 위해 다양한 자료를 찾았다.

6 - 더위를 식히기 위해 수영장을 찾았다.

⑦ 정해진 시간 동안 활동지②가 완성되면 교사가 뜻별로 예시문을 읽으며 함께 나눈다.

도움말

• 활동지②를 뜻별로 간격을 두고 수업 공간 벽면에 붙이거나 책상 등에 놓도록 한다.

• 전체 활동이기에 활동지②에 글 쓰는 방향을 통일하고, 되도록 모두가 알아볼 수 있도록 글을 또박또박 쓰도록 한다.

• 예시문을 찾기 어려워한다면 알고 있는 이야기 속 상황 찾기도 가능하다.

예 1. 흥부와 놀부 - 놀부가 부자가 되고 싶어 다리를 부러뜨릴 제비를 찾는다.

- '찾다'의 뜻은 6개가 아닌 몇 개만 선택적으로 활용할 수 있다.
- 수업 인원에 따라 활동지②를 여러 장 준비해서 활용하거나 확대 복사해서 사용한다.
- 모둠 활동으로 구성하여 모둠별로 '찾다'의 뜻을 나누어 쓸 수 있다. 혹은 부록 ①('찾다'의 예시문을 완성하라!)을 활용하여 '찾다'의 뜻별 예시문을 모두 찾게 할 수 있다.
- 수업 인원이 적다면 원으로 둘러앉아 돌려쓰는 형식으로 진행할 수 있다.
- 수업 시간에 따라 완성된 활동지②의 예시문은 교사가 뜻별로 선택적으로 읽는다. 혹은 작성하면서 인상 깊었던 예시문을 학생들과 나누는 형태로 한다.

전개 2 보고, 듣고, 즐기는 국어사전

활동목표 선택한 예시문의 이유와 해결(결과)을 넣어 연극을 만들 수 있다.

활동형태 모둠

준비물 활동지①('찾다' 국어사전), 활동지②('찾다'의 다양한 예시문을 찾아라!), 가위

활동방법
① 모둠을 구성한 후 모둠별로 활동지①의 뜻을 오려 제비뽑기한다.
② 모둠별로 선택한 뜻의 활동지②에 작성된 다양한 예시문을 살펴본다.
③ 그중 한 가지의 예시문을 선택한다.
④ 선택한 예시문에 인물 설정을 한 후 상황에 대한 이유와 해결(결과)을 넣어 연극을 만든다.
⑤ 발표 모둠은 발표할 '찾다'의 뜻을 소개한 후 연극을 발표한다.
⑥ 모둠별로 연극을 발표한 후 마무리한다.

- 예시문은 인물과 상황의 이유를 어떻게 생각하느냐에 따라 다양한 이야기로 창조된다. 따라서 선택한 예시문에 대해 충분히 생각한 후 연극으로 만들 이야기를 결정하도록 한다.

응용

• 각자 하고 싶은 뜻으로 모둠을 구성하여 진행할 수 있다. 한 가지 뜻에 인원이 많을 땐 모둠을 나누어 구성하면 된다. 모둠 구성은 기본적으로 2-3명 이상이면 충분히 가능하다. 모둠 활동에서 모둠별 인원이 항상 같을 필요는 없다.

정리 및 감상 〉 활동 후 느낌 나누기

활동목표 느낀 점을 한 문장으로 말하고 나눌 수 있다.

활동형태 모둠

활동방법 ① '찾다'의 뜻에 맞는 다양한 예시문으로 연극을 만들어 보니 어떠한가요?
② 활동 후 느낀 점을 모둠별로 돌아가며 한 문장으로 말하고 함께 감상한다.

선택 놀이 〉 달라진 곳을 찾아라!

활동목표 정지 조각상의 달라진 곳을 찾을 수 있다.

활동형태 모둠

활동방법 ① 모둠을 나눈 후 모둠별 공간에 앉는다.
② 모둠별로 몸으로 만들 정지 조각상을 만든다.
③ 만들어진 정지 조각상에 달라질 3곳을 비밀리에 정한다. 단, 달라진 곳은 한 사람당 1곳만 정할 수 있다.
　예 채운 단추를 풀다, 신고 있는 양말을 벗다, 묶은 머리를 풀다 등
④ 정해진 시간이 되면 발표 모둠은 정지 조각상을 보여준다.
⑤ 학생들은 〈학교 종이 땡땡땡〉 1절을 부르며 정지 조각상을 관찰한다.
⑥ 관찰 시간이 끝나면 학생들은 뒤돌아 눈을 감고 〈학교 종이 땡땡땡〉 노래를 부른다.

⑦ 그 사이 발표 모둠은 정지 조각상에 달라진 3곳을 만든 후 보여준다.

⑧ 달라진 곳을 맞힐 땐 한 학생이 1곳만 맞힐 수 있으며, 원래의 모습과 달라진 곳을 정확하게 말해야 한다.

⑨ 발표 모둠의 달라진 곳을 모두 찾으면 마친다.

⑩ 모둠별로 정지 조각상을 발표한 후 마무리한다.

도움말

• 이해를 돕는 가장 손쉬운 방법은 교사가 시범을 보이는 것이다.

• 조각상은 한 동작을 모둠원 모두가 하거나 한 장면처럼 구성하거나 의미 없는 동작의 조각상이어도 된다. 단, 오랜 시간 유지 가능한 동작들로 구성하도록 한다.

• 찾는 데 시간이 오래 걸리면 힘들 수 있으니 달라진 곳을 찾은 학생은 조각상 동작을 풀고 참여하도록 한다.

응용

• 달라진 곳의 개수는 3개가 아닌 상황에 맞게 선택하면 된다.

• 생각보다 찾기 어려워하면 원래의 정지 조각상을 다시 보여줄 수 있다. 수업 시간이 부족하다면 정답을 맞힐 횟수를 정한다. 정한 횟수에 찾지 못하면 정답을 알려준 후 마무리한다.

• 두 모둠으로 구성한 후 상대 모둠과 마주 보고 선다. 발표 모둠을 정한 후 마주 본 학생에게 달라진 2곳 찾기를 동시다발적으로 진행할 수 있다.

활동지 ①　　　'찾다' 국어사전

찾다.	찾다.	찾다.
1. 사람을 보거나 지금 없는 물건을 얻으려고 이곳저곳 뒤지거나 살피다.	2. 빌려주거나 맡기거나 잃거나 빼앗긴 것을 돌려받다.	3. 사람을 만나거나 볼일을 보려고 어떤 곳으로 가다.
(예시문)	(예시문)	(예시문)
언니가 온 집안을 뒤지면서 시계를 찾는다.	은행에서 돈을 찾았다.	명절에는 집안 어른들을 찾아 인사를 드리자.
찾다.	찾다.	찾다.
4. 모르는 것을 살피거나 알아내다.	5. 어떤 사실을 알아내거나 밝히려고 책이나 자료를 뒤지다.	6. 필요한 것을 구하거나 바라다.
(예시문)	(예시문)	(예시문)
고장 원인을 찾아야 기계를 고치지.	전화번호부에서 옛날 동무의 전화번호를 찾았다.	목이 말라 물을 찾았다.

활동지 ② '찾다'의 다양한 예시문을 찾아라!

찾다.

1. 사람을 보거나 지금 없는 물건을 얻으려고 이곳저곳 뒤지거나 살피다.

(예시문) 언니가 온 집안을 뒤지면서 시계를 찾는다.

'찾다' 뜻에 맞는 다양한 예시문을 작성하세요.

활동지 ② 　　　'찾다'의 다양한 예시문을 찾아라!

찾다.

2. 빌려주거나 맡기거나 잃거나 빼앗긴 것을 돌려받다.

(예시문) 은행에서 돈을 찾았다.

'찾다' 뜻에 맞는 다양한 예시문을 작성하세요.

활동지 ②   '찾다'의 다양한 예시문을 찾아라!

찾다.

3. 사람을 만나거나 볼일을 보려고 어떤 곳으로 가다.

(예시문) 명절에는 집안 어른들을 찾아 인사를 드리자.

'찾다' 뜻에 맞는 다양한 예시문을 작성하세요.

| 활동지 ② | '찾다'의 다양한 예시문을 찾아라! |

찾다.

4. 모르는 것을 살피거나 알아내다.

(예시문) 고장 원인을 찾아야 기계를 고치지.

'찾다' 뜻에 맞는 다양한 예시문을 작성하세요.

활동지 ②   '찾다'의 다양한 예시문을 찾아라!

찾다.

5. 어떤 사실을 알아내거나 밝히려고 책이나 자료를 뒤지다.

(예시문) 전화번호부에서 옛날 동무의 전화번호를 찾았다.

'찾다' 뜻에 맞는 다양한 예시문을 작성하세요.

활동지 ② '찾다'의 다양한 예시문을 찾아라!

찾다.

6. 필요한 것을 구하거나 바라다.

(예시문) 목이 말라 물을 찾았다.

'찾다' 뜻에 맞는 다양한 예시문을 작성하세요.

모둠 : _____

'찾다' 뜻에 맞는 다양한 예시문을 완성하세요.

찾다.

1. 사람을 보거나 지금 없는 물건을 얻으려고 이곳저곳 뒤지거나 살피다.

(예시문)

2. 빌려주거나 맡기거나 잃거나 빼앗긴 것을 돌려받다.

(예시문)

3. 사람을 만나거나 볼일을 보려고 어떤 곳으로 가다.

(예시문)

4. 모르는 것을 살피거나 알아내다.

(예시문)

5. 어떤 사실을 알아내거나 밝히려고 책이나 자료를 뒤지다.

(예시문)

6. 필요한 것을 구하거나 바라다.

(예시문)

7. 화가 난 도깨비*

활용 놀이   얼음땡(변형)

수업목표   이야기 속 인물의 갈등 원인을 찾아 연극을 만들 수 있다.

준비물   핸드벨, 음악, 다양한 색의 천

부록   부록①(내가 누구게~?), 부록②(도깨비 프로필)

교육과정   도입   모두 얼음!

            (목표: 놀이로 갈등 상황을 경험할 수 있다.)

          전개 1   얼음이 된 마을 사람들!

            (목표: 얼음이 된 마을 사람들로 살아볼 수 있다.)

          전개 2   도깨비는 왜 화가 났을까?

            (목표: 도깨비의 화가 난 이유를 찾아 연극을 만들 수 있다.)

          정리 및 감상   활동 후 느낌 나누기

            (목표: 조각상으로 느낀 점을 표현하고 감상할 수 있다.)

평가

평가 내용	평가 수준			평가 방법
	상	중	하	
이야기 속 인물의 갈등 원인을 찾아 연극을 만들 수 있는가?				관찰법 실기법

---

* 프로그램명을 판서할 때는 '화가 난 ○○○'으로 한 후 수업을 통해 전개 활동에서 ○○○이 '도깨비'임을 안내한다.

도입 **모두 얼음!**

활동목표	놀이로 갈등 상황을 경험할 수 있다.
활동형태	전체
준비물	핸드벨
활동방법	① 시범 공간을 정한 후 교사는 2–3명의 학생과 얼음땡 놀이를 간단히 보여준다.
	② 놀이 속 '얼음'과 '땡'의 기능이 무엇인지 학생들과 함께 나눈다.
	③ 교사는 '얼음'은 위험에 빠졌을 때 자신을 스스로 지키는, '땡'은 어려움에 처한 누군가를 돕는 기능에 대해 정리하여 설명한다.
	④ 교사는 갈등 상황에서 자신을 스스로 지켜낼 수도 없고, 누군가를 도울 수도 없는 상황에 놓인 이야기 속 인물을 '땡'이 없어진 얼음땡 변형 놀이로 경험할 것이라 안내한다.
	⑤ 교사는 이야기로 놀이 속 상황을 설명한다.

우리 모두 이렇게 상상해 볼게요. 지금부터 이곳은 ○○초등학교 3학년 교실이 아니라 아주 오랜 옛날 옛적에 ○○* 마을로 바뀝니다. 그리고 여러분들은 ○○마을의 마을 사람들이 될 거예요. 그런데 오늘 이 마을에 무척 화가 난 ○○○가 왔어요. 놀랍게도 ○○○는 손끝만 닿아도 사람을 얼음으로 변하게 하는 신기한 재주가 있었지요. 화가 난 ○○○는 이 마을 사람들 때문에 화가 났다며, 모두 얼음으로 만든 후 사라졌어요.

⑥ 교사가 핸드벨을 울리며 교사는 '화가 난 ○○○'으로, 학생들은 '마을 사람들'로 바뀌는 역할 입는 의식을 한다.

⑦ 시작 신호와 함께 교사는 "난 너희들 때문에 화났어!"라고 외치고 마을 사람들을 손끝에 닿게 하여 모두 얼음으로 만들어 버린다.

....

*   ○○은 수업하는 곳의 지역명, 학교나 반 이름 등을 마을 이름으로 활용하면 좋다.
    예) 놀이초등학교 : 놀이마을

⑧ 얼음이 된 마을 사람들은 그때부터 움직이지도, 말할 수도 없다.

⑨ 모두 얼음이 될 때까지 진행하고, 모두 멈춘 상태에서 그대로 마무리한다.

도움말

- 수업 인원보다 공간이 넓다면 활동 공간을 정해놓고 한다.
- 학생들이 '화가 난 ○○○'만 보며 피하려 하다 보면 서로 부딪혀 다칠 수 있으니 유의하도록 한다.
- 교사는 '화가 난 ○○○'가 되어 마을 사람들을 얼음으로 만들 때 다양한 대사로 극적 분위기를 만들도록 한다. 대사는 구체적인 상황을 알 수 있는 것보다 다양한 추측이 가능한 대사를 한다.
  예 나도 이제 더 참지 않을 거야!, 어떻게 그럴 수 있어?, 너네는 정말 나빠!, 다 너희들 때문이야!, 이제 나를 찾지 마! 등

응용

- 연극을 보기 위해 극장이란 공간으로 들어가는 것은 다른 세계와의 만남을 위한 의식이듯 역할을 입는 의식도 중요하다. 핸드벨은 역할 입는 의식에 간편하게 활용할 수 있는 악기이며, 북은 좀 더 극적으로 역할 입기를 할 수 있는 장점이 있다.

전개 1 얼음이 된 마을 사람들!

활동목표   얼음이 된 마을 사람들로 살아볼 수 있다.

활동형태   전체

준비물   음악

활동방법   ① 음악이 흐르면 교사의 안내에 따라 학생들은 얼음이 된 마을 사람들로 말없이 살아본다.

> 화가 난 ○○○가 정말 마을 사람들을 모두 얼음으로 만들고 가 버렸어요. 얼음으로 바뀐 마을 사람들은 말하지도, 움직이지도 못했습니다. 처음에 마을 사람들은 시간이 지나면 얼음이 녹을 것으로 생각했습니다. 하지만 돌처럼 딱딱한 얼음은 야속하게도 녹지 않았습니다. 그렇게 시간이 점점 흘러갑니다. 보고 싶은 가족의 얼굴도 볼 수 없고, 정답고 다정했던 사람들 소리도 들려오지 않습니다. 세상이 너무 조용합니다.

② 노래가 끝날 때쯤 교사는 마을 사람들의 기분이나 하고 싶은 것들을 인터뷰한다.

> 예 "가족이 보고 싶어요", "집에서 편히 자고 싶어요", "친구랑 놀고 싶어요", "혼자여서 외로워요", "평생 얼음으로 살 것 같아 무서워요" 등

③ 교사는 핸드벨을 울려 '마을 사람들'에서 학생으로 역할 벗기 의식을 한다.
④ 과연 '화가 난 ○○○'은 누구일 것 같은지 나눈 후 '도깨비'임을 알린다.

응용

- 수업 공간의 조명을 조금 어둡게 해서 몰입도를 높이면 좋다.
- '화가 난 ○○○'을 학생들이 생각하는 인물로 전체 혹은 모둠별로 설정해도 좋다. 단, 학생들의 역할 연기도 편히 받아들이는 인물로 한다. 부정적 인물로 설정할 경우 역할 맡기를 꺼리는 경우가 발생하기 때문이다.

전개 2 도깨비는 왜 화가 났을까?

활동목표 도깨비의 화가 난 이유를 찾아 연극을 만들 수 있다.

활동형태 모둠

준비물 교실 속 다양한 물건, 다양한 색의 천

활동방법 ① 모둠을 나눈 후 모둠별로 도깨비가 화가 난 이유를 다양하게 나눈다.

　　　　　예 자신의 집인 산을 망가뜨려서, 도깨비방망이를 훔쳐가서, 자신과 놀아 주지 않아서, 자신이 다르게 생겼다고 따돌려서, 필요할 때만 자신을 이용해서, 거짓말을 해서 등

　　　② 모둠별로 그중 한 가지 이유를 선택한다.

　　　③ 모둠별로 선택한 이유와 도깨비가 마을 사람들을 얼음으로 만드는 장면까지를 연극으로 만든다. 얼음으로 만드는 장면은 상황에 맞게 역할별 대사를 넣어 만든다.

　　　④ 모둠별로 도깨비를 나타낼 수 있는 교실 속 물건을 상상 변형하여 활용한다.

　　　　　예 빗자루가 도깨비방망이, 머리띠가 뿔, 색종이로 눈썹 만들기 등

　　　⑤ 발표 모둠의 연극 발표 후 갈등을 해결할 다양한 방법을 나눈다.

　　　⑥ 모둠별로 연극을 발표한 후 마무리한다.

도움말 ▶

- 도깨비 역할은 꼭 1명일 필요는 없으니 모둠 구성인원에 따라 변경한다.
- 도깨비를 다양한 색의 천으로 할 때 천을 두르는 형태의 단편적 표현보단 다양한 형태(두르는 띠, 방망이, 꼬리, 머리카락, 모자 등)의 표현을 하도록 돕는다. 더불어 교실 속 물건을 상상하여 활용하면 표현이 더 풍성해진다.

응용 ▶

- 수업 시간이 충분하다면 부록①(내가 누구게~?), 부록②(도깨비 프로필)로 도깨비를 구체적인 인물 창조를 하여 진행할 수 있다. 같은 상황, 같은 사건도 인물에 따라 그것을 받아들이는 것이 다르다. 따라서 인물을 구체적으로 창조하면 갈등 상황의 원인과 해결방법을 오히려 쉽게 찾을 수 있다. 더불어 이 활동을 통해 생각지 못한 다양한 형태의 도깨비들을 만날 수 있다. 부록① 대신 인물 창조를 두꺼운 도화지에 하여 연극 중 가면으로 활용할 수 있다.
- 수업 인원이 적다면 각자 화가 난 이유를 포스트잇에 작성하여 살펴본 후 비슷한 이유끼리 모둠을 구성하여 진행하는 것도 방법이다.
- 이야기의 시선을 바꾸어 우리는 어떤 상황이 있을 때 누군가를 얼음으로 만들어 버리고 싶을 만큼 화가 나는지에 대한 다양한 상황을 확장하여 연극을 만들 수 있다.

활동 후 느낌 나누기

활동목표   조각상으로 느낀 점을 표현하고 감상할 수 있다.

활동형태   모둠

활동방법   ① 이야기 속 인물의 갈등 원인을 찾아 연극을 만들어 보니 어떠한가요?
② 모둠별로 느낀 점을 나눈 후 이를 조각상으로 만든다.
③ 발표 모둠의 조각상을 보고, 나머지 학생들은 어떻게 느껴지는지 나눈다.
④ 발표 모둠은 조각상으로 표현한 느낀 점을 소개한다.
⑤ 모둠별로 조각상을 발표한 후 마무리한다.

도움말   • 조각상은 모둠원의 공통된 느낌을 담은 같은 동작의 조각상이거나 그 느낌과 닮
은 상황을 나타내거나 느낌을 표현하는 다양한 표정을 담을 수도 있다.

이름 : _____

도깨비의 모습을 구체적으로 상상하여 그리세요.

| 부록 ② | 도깨비 프로필 |

이름 : _____

도깨비의 기본 프로필을 작성한 후 자유롭게 추가 항목을 넣어 작성하세요.

▌이름 :

▌나이 :

▌가족관계 :

▌성격 :

▌능력 :

▌좋아하는 것 :

▌싫어하는 것 :

▌되고 싶은 것 :

▌

▌

8. 상상의 문

활용 놀이 동대문을 열어라!

수업목표 공간과 사물에서 연상한 상상의 문 활용법으로 연극을 만들 수 있다.

준비물 활동지①(상상의 문), 활동지②(상상의 문 활용법), 활동지③(감상'문'), 필기도구,
마스킹테이프, 음악, 채색도구

부록 부록①(상상의 문 창조하기)

교육과정

도입 동대문을 열어라!
(목표: 문을 활용한 놀이를 할 수 있다.)

전개 1 상상의 문 창조하기
(목표: 공간과 사물에서 연상하여 상상의 문을 창조할 수 있다.)

전개 2 상상의 문 전시회
(목표: 창조한 상상의 문을 함께 감상할 수 있다.)

전개 3 열려라~ 참깨!
(목표: 상상의 문 활용법으로 연극을 만들 수 있다.)

감상 및 정리 활동 후 느낌 나누기

(목표: 그림글자로 느낀 점을 표현하고 감상할 수 있다.)

평가

평가 내용	평가 수준			평가 방법
	상	중	하	
공간과 사물에서 연상한 상상의 문 활용법으로 연극을 만들 수 있는가?				관찰법 실기법

활동목표 문을 활용한 놀이를 할 수 있다.

활동형태 전체

활동방법 ① 두 명의 문지기가 마주 잡은 손을 높이 올려 대문을 만든다.
② 나머지 사람들은 앞사람의 어깨를 잡고 한 줄로 선다.
③ 모두 노래를 부르며 문지기의 대문 사이를 지나간다.

> 동 동 동대문을 열어라.
> 남 남 남대문을 열어라.
> 열두 시가 되면은
> 문을 닫는다.

④ '문을 닫는다'에서 문지기는 마주 잡은 손을 내려 대문을 닫는다.
⑤ 잡힌 사람은 문지기가 되어 함께 대문을 만든다.
⑥ 나머지 사람들은 문지기 수에 따라 만들어지는 대문들을 자유롭게 지나다닌다.
⑦ 모두 문지기가 되어 원을 만든 후 마무리한다.

도움말
- 문지기가 대문을 닫아 잡는 인원은 정해져 있지 않다.
- 대문을 닫는 과정에서 다치지 않도록 조심한다.

응용
- 수업 인원이 많다면 몇 차례만 진행 후 마무리한다.
- '대문 놀이' 노래로도 가능하다.

  문지기 문지기 문 열어라

열쇠 없어 못 열겠네
어떤 대문에 들어갈까
동대문에 들어가

문지기 문지기 문 열어라
열쇠 없어 못 열겠네
어떤 대문에 들어갈까
서대문에 들어가

문지기 문지기 문 열어라
열쇠 없어 못 열겠네
어떤 대문에 들어갈까
남대문에 들어가

문지기 문지기 문 열어라
열쇠 없어 못 열겠네
어떤 대문에 들어갈까
북대문에 들어가

문지기 문지기 문 열어라
덜커덩떵 열렸다

전개 1 ⟩ 상상의 문 창조하기

활동목표 공간과 사물에서 연상한 상상의 문을 창조할 수 있다.

활동형태 전체

준비물 활동지①(상상의 문), 마스킹테이프

활동방법 ① 교사는 우리 주변의 다양한 문에 대해 학생들과 나누며 문을 통해 공간이 열리고 닫히는 기능을 설명한다.

　　예 동대문, 출입문, 회전문, 자동문, 금고문, 〈도깨비〉 드라마 속 공간 이동
이 가능한 문 등

② 공간과 사물에서 연상하여 활동지①(상상의 문)이 어떤 상상의 문인지 다양
하게 상상해 본다.

　　예 냉장고에서 연상한 상상의 문

– 먹고 싶은 것이 나오는 문

– 냉장고 속 음식들이 살아나 이야기 나
눌 수 있는 문

– 언제든 시원한 곳에 갈 수 있는 문

– 모든 것이 네모난 세상으로 갈 수 있
는 문

– 겨울왕국 친구들을 만날 수 있는 문

– 신선한 냉기를 먹으면 구름 세상으로 갈
수 있는 문

③ 수업 공간을 충분히 탐색한 후 공간과 사물에서 연상한 상상의 문을 마스킹
테이프를 활용하여 각자 창조한다.

학교탈출 문

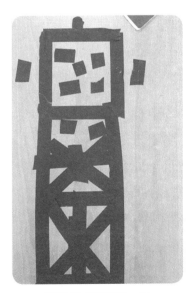

정답을 알려주는 문

④ 상상의 문 창조는 서로 비밀리에 하도록 한다.
⑤ 모두가 상상의 문을 완성하면 문의 제목을 지은 후 마무리한다.

　　예 마음대로 문, 비밀의 문, 시원한 문 등

도움말

- 상상의 문을 창조하는 공간과 사물은 어디든 가능하다.
- 마스킹테이프의 색이나 두께를 다양하게 준비하면 표현이 더욱 풍성해진다.
- 같은 공간과 사물을 선택하면 상상의 문을 만들 공간을 나누거나 둘 다 종이에 상상의 문을 창조한 후 붙일 수 있도록 한다. 한 명을 위한 양보보다 함께 할 수 있는 다양한 방법을 찾는다.

응용

- 앤서니 브라운의 《윌리의 신기한 모험(웅진주니어, 2014)》 책 소개를 통해 상상의 문에 대한 이해를 도울 수 있다. 이 책은 《로빈슨 크루소》, 《보물섬》, 《로빈 후드》, 《부싯깃 통》, 《피터 팬》, 《이상한 나라의 앨리스》, 《오즈의 마법사》, 《라푼젤》, 《버드나무에 부는 바람》, 《피노키오》 등의 기존 책을 상상의 문이란 소재로 매일 색다른 모험이 펼쳐지는 상황으로 담아냈다. 이야기 속 극적 상황의 찰나를 담아냈기에 상황의 원인과 결과를 상상하여 이야기를 완성할 수 있는 흥미로운 책이다.
- 마스킹테이프 준비 및 사용이 어렵다면 부록①(상상의 문 창조하기)에 직접 그린 후 공간과 사물에 붙일 수 있다.
- 수업 시간 및 인원으로 각자 창조하는 것이 어렵다면 모둠별로 상의하여 진행한다.
- 상상의 문을 창조하는 활동이 어렵다면 활동지①(상상의 문)을 활용하여 어떤 상상의 문인지 모둠별로 상상한 것을 바탕으로 연극 활동을 진행할 수 있다. 상상의 문을 모둠별로 선택하여 진행하거나 한 가지 상상의 문이 어떤 문인지 모둠별로 색다르게 상상하는 방법이 있다.
- 교실에서 수업할 경우 수업 인원에 맞는 것이 책상과 의자다. 공통된 한 공간이나 사물을 정한 후 정해진 곳에 다양한 상상의 문을 창조하고 나누는 것도 좋은 방법이다.

전개 2 상상의 문 전시회

활동목표 창조한 상상의 문을 함께 감상할 수 있다.

활동형태 모둠(2)

준비물 음악

활동방법 ① 2명씩 짝을 지어 가위바위보를 하여 이긴 학생은 문지기가, 진 학생은 관람객이 된다.
② 이긴 모둠이 먼저 상상의 문 문지기가 되어 자신이 창조한 문 앞에 선다.
③ 문지기는 먼저 관람객이 어떤 문이라 생각하는지 들어본 후 자신의 문을 소개한다.
④ 상상의 문 소개 후 관람객이 궁금한 것들을 함께 나눈다.
⑤ 정해진 시간 동안 관람객은 다양한 상상의 문을 감상한다.
⑥ 모둠의 역할을 바꾸어 진행한 후 마무리한다.

도움말
• 음악으로 더욱 전시회다운 분위기를 조성한다.
• 문지기와 관람객의 나눔은 각자 창조한 상상의 문에 대해 생각지 못한 것들을 구체화하거나 수정 및 보완할 수 있는 긍정적 활동이다.
• 상상의 문 감상할 때 비난과 평가를 하지 않도록 주의한다.

응용
• 상상의 문의 문패 작성은 선택적으로 진행한다. 문패가 없다면 공간과 상상의 문에 대해 관람객이 스스로 생각해 보는 기회를 얻게 된다. 문패가 있다면 문지기가 창조한 상상의 문에 대한 단서를 가지고 상상을 하게 된다.
• 수업 인원이 많아 모두 감상하기 어렵다면 정해진 시간 동안 되도록 많이 볼 수 있도록 하거나 한 사람당 관람시간을 제한하여 진행한다.

활동목표   상상의 문 활용법으로 연극을 만들 수 있다.

활동형태   모둠

준비물   활동지②(상상의 문 활용법), 필기도구

활동방법   ① 각자 창조한 상상의 문 기능이 비슷하거나 공간과 사물이 비슷한 것으로 모둠을 나눈다.

② 모둠별로 각자 창조한 상상의 문에 대해 나눈 후 그중 상상의 문 한 가지를 선택한다.

③ 선택한 상상의 문으로 활동지②(상상의 문 활용법)를 구체적으로 작성한다.
    예 사용하는 인물과 사용방법, 사용조건, 기능, 주의사항 등

④ 상상의 문 활용법을 바탕으로 상상의 문을 사용하게 되는 상황의 이유와 결과를 넣어 연극을 만든다.

⑤ 모둠별 발표 공간은 선택한 상상의 문 공간으로 한다.

⑥ 발표 모둠은 선택한 상상의 문을 소개한 후 연극을 발표한다.

⑦ 모둠별로 연극을 발표한 후 마무리한다.

도움말

- 상상의 문이 있는 다양한 공간의 무대활용은 일상의 공간을 새롭게 만나는 이벤트가 된다.
- 모둠별로 선택한 상상의 문은 모둠원의 의견을 반영하여 수정 및 변형할 수 있다.
- 모둠별 선택에 따라 상상의 문을 사람이 직접 표현할 수 있다.

정리 및 감상 〉 활동 후 느낌 나누기

활동목표　그림글자로 느낀 점을 표현하고 감상할 수 있다.

활동형태　모둠

준비물　활동지③(감상'문'), 채색도구

활동방법　① 공간에서 연상한 상상의 문 활용법으로 연극을 만들어 보니 어떠한가요?
　　　　　② 모둠별로 수업 후 느낀 점을 자유롭게 나눈다.
　　　　　③ 활동지③(감상'문')에 모둠의 느낌을 담은 '문' 그림글자를 그린다.
　　　　　④ 모둠별로 완성한 활동지③을 발표한 후 마무리한다.

> **응용**
> • '문'이란 글자가 아닌 느낀 점을 담은 단어를 선택하여 그림 글자로 표현해도 된다.
> • 느낀 점을 수업 공간의 다양한 사물 및 공간에 빗대어 표현하고 감상할 수 있다.

냉장고의 문은 어떤 상상의 문일까요?

활동지 ① 〉 상상의 문

책상의 문은 어떤 상상의 문일까요?

활동지 ① 〉 상상의 문

교실의 문은 어떤 상상의 문일까요?

상상의 문

칠판의 문은 어떤 상상의 문일까요?

활동지 ①   상상의 문

시계의 문은 어떤 상상의 문일까요?

활동지 ①   상상의 문

의자의 문은 어떤 상상의 문일까요?

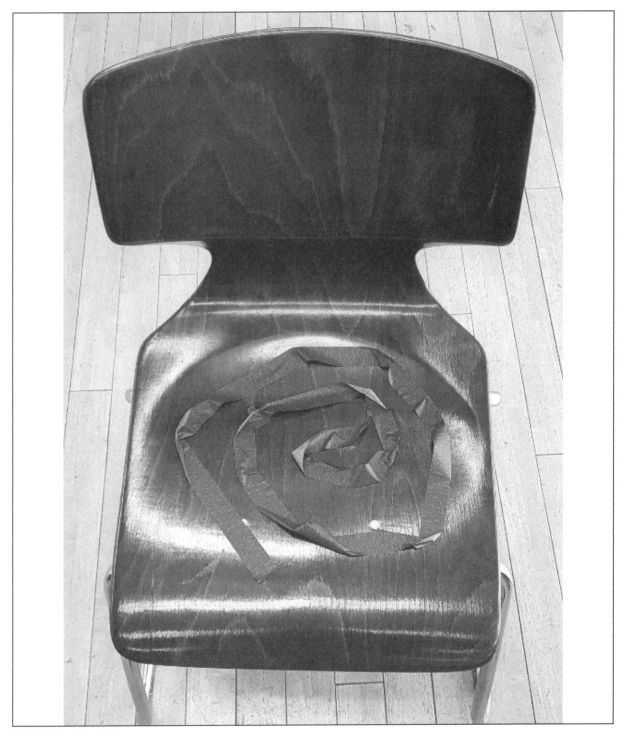

활동지 ①   상상의 문

사물함의 문은 어떤 상상의 문일까요?

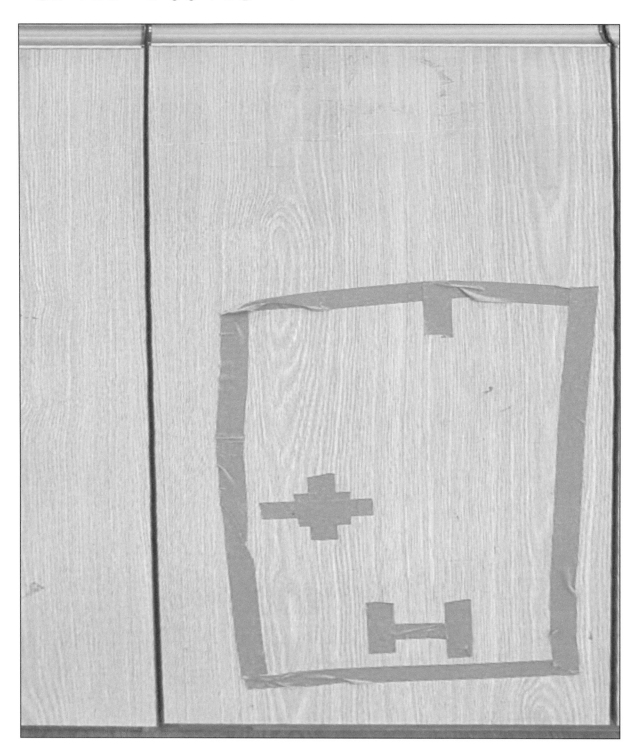

활동지 ②　　상상의 문 활용법

모둠 : _____

상상의 문 활용법을 자세히 작성하세요.

상상의 문 이름은? (공간 및 사물)	
누가 사용할 수 있나요?	
어떤 기능이 있나요?	
어떻게 사용하나요?	
주의사항은 무엇인가요?	

활동지 ③ 〉 감상'문'

<u>모둠 :</u> _____

수업 후 느낀 점을 담은 '문' 그림글자를 그리세요.

부록 ① ⟩ 상상의 문 창조하기

이름 :

공간이나 사물에서 연상한 상상의 문을 그리세요.

공간 및 사물 :	상상의 문 이름 :

9. 해골바가지의 인생극장

활용 놀이   해골바가지 그리기

수업목표   해골바가지로 창조한 인물의 다시 살고 싶은 순간으로 연극을 만들 수 있다.

준비물   활동지①(♬해골바가지 그리기♬), 활동지②(해골바가지의 재탄생), 활동지③(다시 돌아가고 싶은 순간을 담은 시), 활동지④(느낌표 창작공장), 필기도구, 채색도구

부록   부록①(해골바가지의 단서?), 부록②(전승환의 〈그렇게 살아가리라〉)

교육과정   도입   ♬해골바가지♬
(목표: 노래를 부르며 해골바가지를 그릴 수 있다.)

전개 1   해골바가지의 재탄생
(목표: 상상한 인물의 특징에 맞게 노래를 개사하여 인물을 창조할 수 있다.)

전개 2   그래! 결심했어!
(목표: 창조한 인물의 다시 살고 싶은 순간으로 연극을 만들 수 있다.)

정리 및 감상   활동 후 느낌 나누기
(목표: 수업의 느낌으로 노래를 개사하여 부르고 감상할 수 있다.)

평가

평가 내용	평가 수준			평가 방법
	상	중	하	
해골바가지로 창조한 인물의 다시 살고 싶은 순간으로 연극을 만들 수 있는가?				관찰법 실기법

도입 ♬해골바가지♬

활동목표 노래를 부르며 해골바가지를 그릴 수 있다.

활동형태 전체

준비물 활동지①(♬해골바가지 그리기♬), 필기도구

활동방법 ① 교사는 학생들과 해골바가지를 일상에서 어떻게 만났는지 나눈다.

　　　　　📦 게임, 애니메이션, 미세먼지 표시 때, 할로윈, 위험표시 등

　　　　② 교사는 노래로 전해 오는 해골바가지를 만날 것이라 안내한 후 노래를 부르며 해골바가지를 그리는 시범을 보인다.

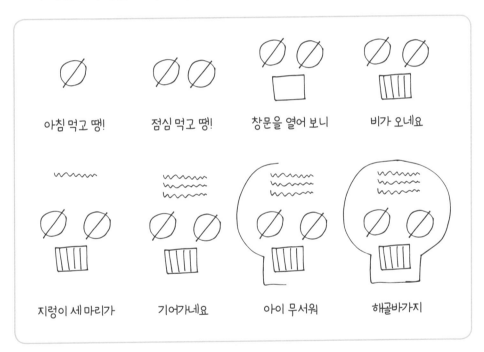

아침 먹고 땡!　　　점심 먹고 땡!　　　창문을 열어 보니　　　비가 오네요

지렁이 세 마리가　　기어가네요　　　아이 무서워　　　해골바가지

③ 노래를 알고 있는 학생이 있다면 노랫말과 형태가 같은지 함께 나눈다.

④ 다 함께 노래를 부르며 활동지①(♬해골바가지 그리기♬)에 해골바가지 그림을 완성한 후 마무리한다.

응용
- 수업 시간에 따라 활동지에 그리지 않고, 허공에 손으로 함께 그린 후 마무리한다.

전개 1 해골바가지의 재탄생

활동목표 상상한 인물의 특징에 맞게 노래를 개사하여 인물을 창조할 수 있다.

활동형태 모둠

준비물 활동지②(해골바가지의 재탄생), 채색도구

활동방법 ① 교사는 해골바가지가 죽은 사람의 뼈임을 설명한 후 각자 그린 해골바가지
는 과연 어떤 사람이었을지 잠시 상상해 본다.

② 교사는 인물의 특징에 맞게 개사한 노래를 부르며 상상한 인물을 그리는 시
범을 보인다.

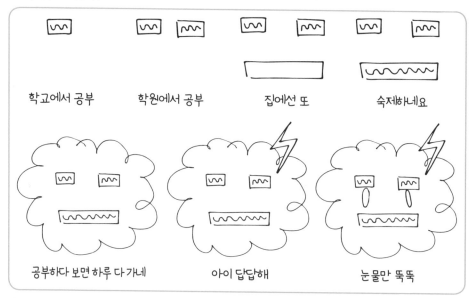

③ 모둠을 나눈 후 모둠별로 해골바가지 복원사처럼, 상상으로 복원할 다양한
인물에 대해 나눈다.

④ 활동지②(해골바가지의 재탄생)에 선택한 인물을 구체적으로 알 수 있는 특징
을 넣어 노래를 개사하고 창조한 인물을 그린다.
예 외모, 나이, 성격, 상황, 직업, 감정, 상태, 좋아하거나 잘하는 것, 꿈(원
하는 것), 싫어하거나 힘들어하는 것 등

⑤ 발표 모둠의 모둠원이 개사한 노래를 부르면 한 사람은 노래에 맞게 인물을
그린다.

⑥ 모둠별로 창조한 인물을 발표한 후 마무리한다.

도움말
- 창조하는 인물의 형태는 원래의 해골바가지 형태가 아니어도 된다.
- 모둠별로 창조한 인물에 대한 비난과 평가는 하지 않도록 주의한다.
- 해골바가지 채색은 모둠별로 선택한다.
- 인물 창조할 때 다양한 시도 및 연습이 필요하기에 활동지②를 넉넉히 준비한다.

응용
- 수업 대상에 따라 부록①(해골바가지의 단서?)의 단어카드나 소품 등의 활용하여 인물의 구체적인 상상을 도울 수 있다. 또는 부록①이나 소품을 활용하여 인물을 상상하게 할 수 있다.
- 활동지가 아닌 두꺼운 도화지에 그려 연극에서 가면으로 활용한다.

전개 2 그래! 결심했어!

활동목표 창조한 인물의 다시 살고 싶은 순간으로 연극을 만들 수 있다.

활동형태 모둠

준비물 활동지③(다시 돌아가고 싶은 순간을 담은 시)

활동방법 ① 교사는 활동지③(다시 돌아가고 싶은 순간을 담은 시)를 낭독한다.

> 계란찜
>
> 박민우(오성초등학교 4학년)
>
> 3학년 때 엄마가 아프셨다.
> 저녁을 먹을 때

엄마한테 계란찜 해줘, 했다.
엄마는 아픈 몸을 이끌고
계란찜을 해 줬다.
그때 엄마가
"에구, 힘들다."하셨다.
나는 그때 일이 후회된다.

출처 : 전국초등국어교과모임 엮음, 《쉬는 시간 언제 오냐》(휴먼어린이, 2016)

② 교사는 시의 상황에서 다시 선택할 기회가 주어진다면 각자 어떤 선택을 할지 학생들과 나눈다. 이어 나에게 다시 살 기회가 주어진다면 다시 살고 싶은 순간과 그 이유에 대해 나눈다.
③ 모둠별로 창조한 인물의 개사 내용을 단서로 다시 살 수 있다면 살고 싶은 상황과 그 이유에 대해 다양하게 나눈다.
　예 후회가 남아 새로운 선택을 하고 싶은 순간, 다시 하고 싶지 않은 실수의 순간, 해보지 못했던 것을 선택하는 순간, 너무 행복해서 다시 살고 싶은 순간 등
④ 그중 한 가지 상황을 선택하여 연극으로 만든다. 선택한 상황에 따라 선택 이전의 삶과 선택 이후의 삶을 각각 만든다.
⑤ 모둠별로 연극을 발표한 후 마무리한다.

도움말

• 활동지③의 소개는 선택적으로 진행하고, 학생들과 자신이 다시 살고 싶은 순간에 대해서만 나눠도 된다.
• 학생들이 발표한 다시 살고 싶은 순간들에 대해 교사는 어떤 순간으로 왜 돌아가고 싶은지 정리해서 설명한다. 이를 통해 학생들이 창조한 인물의 돌아가고 싶은 순간을 좀 더 다양하게 생각해 볼 수 있다.
• 선택한 상황을 각각 연극으로 만드는 것은 1993년 방영된 'MBC 인생극장' 형식으로, 2가지의 선택 상황에서 "그래! 결심했어!"를 외치며 각각의 선택 상황을 보여주는 형식으로 이해하면 된다. 예를 들면, 〈계란찜〉 동시에 나온 원래의 상황과 새로운 선택의 상황을 보여주는 형식이다. 이 형식에선 한 모둠에서 전과 후 두 모둠으로 나누어 연극을 발표할 수 있다.

• 동시가 아닌 '후회'에 관련된 상황이 담긴 간단한 전래동화에 대해 나눌 수 있다.

　　예 청개구리, 아기 돼지 3형제, 토끼와 거북이 등

• <계란찜> 동시를 듣고 학생들이 포스트잇에 '다음엔 ~ 해야겠다'라는 내용으로 한 행을 쓴 후 나누면 짧은 시간 안에 다양한 생각을 나눌 수 있는 장점이 있다.

• <인물 집중 탐구>와 <해골바가지의 인생극장>은 인물을 새롭게 창조하는 프로그램이다. <인물 집중 탐구>는 놀이를 통해 모둠이 즉흥적으로 하나의 인물을 창조하는 것이고, <해골바가지의 인생극장>은 모둠이 함께 인물을 창조하는 차이점이 있다. 창조한 인물을 구체화하여 연극을 만드는 방식을 <인물 집중 탐구> 프로그램 형식을 응용하여 진행할 수 있다.

　첫째, 전개 2부터 '인물의 10문 10답'을 적용하여 같은 형식의 연극 만들기를 진행한다.

　둘째, '인물의 10문 10답'으로 인물을 구체적으로 창조한 후 전개 2 '다시 살 수 있다면'을 진행한다.

• 수업 대상에 따라 부록②(전승환의 <그렇게 살아가리라>)로 다시 살고 싶은 다양한 삶의 상황을 소개한다.

정리 및 감상　　활동 후 느낌 나누기

활동목표　수업의 느낌으로 노래를 개사하여 부르고 감상할 수 있다.

활동형태　모둠

준비물　활동지④(느낌표 창작공장), 필기도구

활동방법　① 해골바가지로 창조한 인물의 다시 살고 싶은 순간으로 연극을 만들어보니 어떠한가요?

　　　　　② 모둠별로 느낀 점을 나눈 후 활동지④(느낌표 창작공장)에 해골바가지 노래에 느낀 점으로 노래를 개사한다.

　　　　　③ 모둠별로 개사한 노래를 부른 후 마무리한다.

| 활동지 ① | ♬해골바가지 그리기♬ |

이름 :

해골바가지 노래에 따라 해골바가지를 그려 보세요.

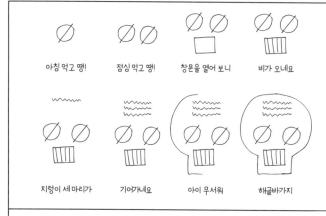

아침 먹고 땡!

점심 먹고 땡!

창문을 열어 보니 비가 오네요

지렁이 세 마리가 기어가네요

아이 무서워 해골바가지

활동지 ② 〉 해골바가지의 재탄생

모둠 :

해골바가지 노래를 인물의 특징에 맞게 개사하고, 새롭게 창조한 인물을 그려 보세요.

(노랫말)

(인물 창조)

계란 찜

– 박민우(오성초등학교 4학년) –

3학년 때 엄마가 아프셨다.

저녁을 먹을 때

엄마한테 계란찜 해줘, 했다.

엄마는 아픈 몸을 이끌고

계란찜을 해 줬다.

그때 엄마가

"에구, 힘들다."하셨다.

나는 그때 일이 후회된다.

출처 : 전국초등국어교과모임 엮음, 《쉬는 시간 언제 오냐》(휴먼어린이, 2016)

활동지 ④	느낌표 창작공장

모둠 :

수업의 느낌을 해골바가지 노래에 개사하여 작성하세요.

안경	시계	휴대폰
게임	동물	모자
공부	병원	음식
비밀	거울	노래
책	마이크	돈

그렇게 살아가리라

- 전승환 -

내가 만일 삶을 다시 살 수 있다면
쓸데없는 걱정은 덜어 두고 행복한 고민만 하리라.
단순한 일상의 즐거움을 느끼고
삶의 매 순간순간 집중하리라.
할 수만 있다면 빚을 지고서라도 여행을 떠나리라.
새로운 것을 겁내지 않고 해 보고 후회하리라.
사랑한다면 사랑한다고 표현하고
하고 싶은 말이 있으면 속 시원히 하고 살리라

내가 만일 삶을 다시 살 수 있다면
더 많은 이들을 만나고 더 많은 것을 배우리라.
포기할 것은 일찍 놓고
다양한 가능성을 추구하며 경험해 보리라
다름을 이해하고
내 것이 아닌 것을 내 것으로 만들지 않으리라

어떤 이에겐 길다면 길고
어떤 이에겐 짧다면 짧은 내 삶이,
수많은 실수와 경험들로 지나왔겠지만
더 많은 실수를 하며 느끼고
더 다양한 경험을 찾아다니며 살아가리라.

출처 : 전승환, 《나에게 고맙다》(허밍버드, 2016) 중

10. 가지가 가지가지?

활용 놀이   산가지 놀이

선택 놀이   무언의 산가지 놀이(변형)

수업목표   산가지로 창조한 작품의 다양한 쓰임으로 연극을 만들 수 있다.

준비물   활동지①(보는 것도 가지가지), 활동지②(쓰임도 가지가지), 산가지, 포스트잇, 필기도구

부록   부록①(만드는 것도 가지가지), 부록②(이것은 무엇일까요?)

교육과정   도입   산가지 놀이
(목표: 산가지로 떼어내기 놀이를 할 수 있다.)

전개 1   만드는 것도 가지가지!
(목표: 산가지를 활용하여 다양한 것을 만들 수 있다.)

전개 2   보는 것도 가지가지!
(목표: 산가지로 만든 작품을 다양하게 감상할 수 있다.)

전개 3   쓰임도 가지가지!
(목표: 산가지 작품의 다양한 쓰임으로 연극을 만들 수 있다.)

정리 및 감상   활동 후 느낌 나누기
(목표: 산가지를 다양하게 활용하여 느낀 점을 표현하고 감상할 수 있다.)

평가

평가 내용	평가 수준			평가 방법
	상	중	하	
산가지로 창조한 작품의 다양한 쓰임으로 연극을 만들 수 있는가?				관찰법 실기법

활동목표 산가지로 떼어내기 놀이를 할 수 있다.

활동형태 모둠

준비물 산가지

활동방법 ① 교사는 산가지에 대해 학생들에게 설명한 후 산가지 떼어내기 놀이를 할 것이라 안내한다.

> 산가지는 나무 등을 깎아서 일정한 크기로 잘라 젓가락과 비슷한 형태로 만든 것이다. 원래의 산가지는 수를 계산할 때 쓰였는데, 다양한 셈 도구가 발달하면서 산가지를 활용한 다양한 놀이로 변형되었다.

② 모둠을 나눈 후 모둠별로 원으로 앉으면 산가지를 나눠준다.

③ 모둠별로 가위바위보를 하여 모둠원의 떼어내기 순서를 정한다.

④ 처음 시작하는 사람이 산가지를 모두 손에 잡고 "산가지 놀이합시다!"라고 외친 후 산가지를 바닥에 흩어놓는다.

⑤ 순서대로 다른 산가지를 건드리지 않고 산가지 한 개를 떼어 가져온다.

⑥ 산가지 떼어내기에 실패하면 치기와 뜨기 중 한 가지를 모둠별로 선택해서 진행한다.

> • 치기 : 실패한 산가지를 산가지 더미의 위에서 아래로 치는 것
> • 뜨기 : 실패한 산가지를 산가지 더미의 아래에서 위로 떠 올리는 것

⑦ 모든 산가지를 획득 후 가장 많은 산가지를 획득한 사람을 살펴본 후 마무리한다.

도움말 • 산가지는 다양한 형태로 판매되어 쉽게 구할 수 있다. 판매되는 산가지에는 색깔별로 점수가 있어 수 놀이를 할 수 있다. 산가지로 나무젓가락을 사용할 수 있

다. 수 놀이를 한다면 점수별 색을 칠하거나 마스킹테이프를 둘러 색으로 점수를 나타낼 수 있다. 산가지 떼어내기를 하면 생각보다 다양한 나무젓가락의 크기와 모양이 재미요소가 된다. 이 외에도 성냥개비, 이쑤시개를 활용할 수 있다.

- 산가지 놀이는 산가지를 떼어내거나 치기와 뜨기에 편안한 평평한 바닥에서 진행한다.
- 놀이 중 세부 규칙이나 발생하는 문제점들은 학생들 스스로 규칙을 정하여 해결하도록 한다.

  예 산가지 떼어내기를 위한 자리이동, 선택한 산가지 바꾸기 여부 등

응용

- 산가지 떼어내기는 한 사람이 한 개씩 획득하거나 떼어내기를 실패하기 전까지 떼어낸 모든 산가지를 획득하는 방법이 있으니 선택적으로 진행한다.
- 수업 시간에 따라 정해진 시간만큼 진행 후 마무리한다.
- 산가지가 아닌 젠가를 활용할 수 있다. 젠가는 쌓아진 나무블록 탑을 무너뜨리지 않고 나무블록을 하나씩 빼내는 것으로 산가지 놀이와 비슷한 형태의 놀이다.

전개 1 만드는 것도 가지가지!

활동목표 산가지를 활용하여 다양한 것을 만들 수 있다.

활동형태 전체

준비물 산가지, 포스트잇, 필기도구

활동방법 ① 교사가 산가지로 다양하게 만드는 시범을 보인다.

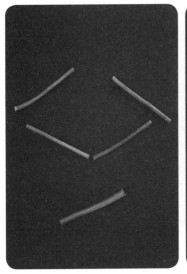 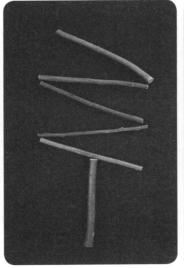 

<table>
<tr><td>화가 난 할아버지</td><td>신기한 요술봉</td><td>착한 사람만 볼 수 있는 TV</td></tr>
</table>

② 원으로 둘러앉아 각자 산가지를 활용하여 다양한 것을 만든다.

③ 산가지를 활용하여 만드는 것은 사물, 자연, 글자, 사실적인 것, 추상적인 것 등 제한이 없다.

④ 각자 비밀리에 자신의 작품을 만든다.

⑤ 완성한 작품의 제목은 구체적인 수식어를 넣어 포스트잇에 쓴 후 각자 비밀리에 갖고 있는다.

⑥ 모두 산가지 작품을 완성하면 마무리한다.

도움말
• 산가지를 각자 나눠준 후 원 중심에 산가지를 충분히 준비하여 각자 필요한 만큼 가져가도록 한다.
• 전개 2 감상 활동을 위해 원으로 앉아 진행한다.

응용
• 산가지 만드는 시범을 보일 때 직접 만들지 않고, 부록①(만드는 것도 가지가지)로 보여줄 수 있다.
• 수업 시간 및 인원에 따라 2인 1조 혹은 모둠으로 진행할 수 있다. 혹은 모둠별로 원으로 둘러앉아 각자 만드는 형태로 진행하는 방법도 있다.

- 학교 운동장에 나가면 떨어져 있는 다양한 크기와 모양의 산가지가 많다. 이를 활용하면 직선 모양이 아닌 다양한 모양의 산가지로 좀 더 풍성한 표현을 할 수 있다.
- 수업 대상에 따라 산가지의 수를 제한하여 만들면 같은 개수의 다양한 작품을 볼 수 있는 흥미로운 활동이 된다.
- 수업 시간에 따라 부록②(이것은 무엇일까요?)의 산가지 작품을 감상한 후 이를 소재로 연극 만들기를 진행할 수 있다.

전개 2 › 보는 것도 가지가지!

활동목표 산가지로 만든 작품을 다양하게 감상할 수 있다.

활동형태 전체

준비물 산가지, 활동지①(보는 것도 가지가지)

활동방법 ① 교사는 학생들과 활동지①(보는 것도 가지가지)을 다양한 방향에서 새롭게 감상해본다.

 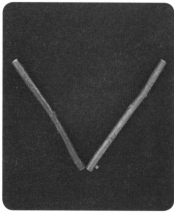 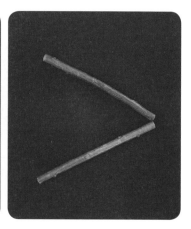

〔예〕 산, 체크 표시, 새 부리, 입 모양, 부메랑, ㄱ 혹은 ㅅ 등

② 원의 시작 방향을 정한 후 한 작품씩을 다양하게 살펴본 후 산가지 작품이

어떤 것인지 나눈다.

③ 다양한 나눔이 끝나면 작품을 만든 학생이 작품명을 보여준 후 작품을 소개한다.

④ 돌아가면서 산가지 작품을 발표한 후 마무리한다.

도움말
- 다양한 방향으로 작품을 살펴보는 것은 보는 방향에 따라 작품이 달리 보이기에 작품을 새롭게 감상할 수 있는 중요한 활동이다.
- 감상하는 과정에서 작품에 대해 비난과 평가는 하지 않도록 주의한다.

응용
- 수업 시간에 따라 원 방향 순서대로 모둠을 구성하여 모둠별로 나눈다. 또는 작품과 작품 제목을 놓고 원으로 돌아가면서 각각 작품을 감상한다. 그런 다음 궁금하거나 인상적인 작품에 대해 나눈 후 마무리한다.

전개 3 쓰임도 가지가지!

활동목표 산가지 작품의 다양한 쓰임으로 연극을 만들 수 있다.

활동형태 모둠

준비물 산가지 작품, 활동지②(쓰임도 가지가지), 필기도구

활동방법
① 원 방향 순서대로 모둠을 나눈 후 모둠별 산가지 작품에 대해 살펴본다.

② 모둠별로 모둠원의 작품들이 어떤 상황에서 쓰이거나 어떤 다양한 기능이 있는지 다양한 쓰임에 대해 나눈다.

③ 그중 한 가지의 작품을 정한 후 활동지②(쓰임도 가지가지)에 다양한 쓰임을 구체적으로 작성한다.

④ 선택한 작품의 쓰임을 한 가지 정하여 쓰임의 이유, 과정, 결과를 넣어 연극을 만든다.

⑤ 수업 공간에서 선택한 소재를 대체하여 나타낼 것을 찾아 표현한다.

　예 요술봉 : 우산, 빗자루, 물통, 필통, 종이를 말아서 사용 등

　　착한 사람만 볼 수 있는 TV : 책상, 의자, 상자, 칠판, 창문 등

⑥ 발표 모둠은 선택한 작품을 소개한 후 연극을 발표한다.

⑦ 모둠별로 연극을 발표한 후 마무리한다.

도움말

• 선택한 소재는 사물로 대체하거나 사람이 직접 표현할 수 있다.

• 선택한 작품에 따라 다양한 상황에서의 쓰임이나 기능을 에피소드로 짧게 구성하여 연극을 만들도록 한다.

응용

• 원 방향으로 모둠 구성을 하면 다양한 작품별로 구성이 되는 점과 시간이 절약된다는 장점이 있다. 비슷한 주제로 모둠을 구성하면 이야기를 쉽게 모을 수 있는 장점이 있다.

• 수업 대상의 연극 만들기 수준이 '상'이라면 끝말잇기처럼 모둠별 산가지 작품을 소재로 연결하여 연극을 만들 수 있다.

정리 및 감상　활동 후 느낌 나누기

활동목표　산가지를 다양하게 활용하여 느낀 점을 표현하고 감상할 수 있다.

활동형태　모둠

준비물　산가지

활동방법　① 산가지로 창조한 작품의 다양한 쓰임으로 연극을 만들어 보니 어떠한가요?

　　② 모둠별로 원으로 둘러앉은 후 각자 느낀 점을 산가지를 다양하게 활용하여 느낀 점을 표현한다.

예 산가지로 표정 만들기, 산가지로 모양 만들기, 산가지를 활용한 소리, 산가지를 상상 변형하여 표현하기, 산가지로 글자 만들기 등

③ 모둠별 나눔에서 인상적이었던 표현을 함께 나눈 후 마무리한다.

선택 놀이 > 무언의 산가지 놀이(변형)

활동목표 산가지 떼어내기를 말없이 협동하여서 할 수 있다.

활동형태 모둠 + 2인 1조

준비물 산가지

활동방법 ① 모둠을 나눈 후 모둠별로 원으로 앉은 상태에서 2명씩 짝을 짓는다.
② 가위바위보를 하여 산가지 떼어내기 순서를 정한다.
③ 처음 시작하는 사람이 산가지를 모두 손에 잡고 "산가지 놀이합시다!"라고 외친 후 산가지를 바닥에 흩어놓는다.
④ 짝꿍끼리 손을 잡고, 각각 잡지 않은 손에서 산가지를 떼어낼 한 손가락을 정한다.
⑤ 짝꿍과 말없이 눈짓, 몸짓만을 주고받아 떼어낼 산가지를 정한다.
⑥ 떼어낸 산가지를 떨어뜨리지 않고 가지고 와 둘 앞에 놓는다. 가져오다 떨어뜨리면 산가지 획득 실패다.
⑦ 산가지를 처음 가져온 위치는 도착지점으로 이 지점에 산가지를 가지고 와야 산가지를 획득할 수 있다.
⑧ 순서대로 돌아가며 산가지를 모두 획득할 때까지 진행한다.
⑨ 모둠별 2인 1조 중 산가지를 가장 많이 획득한 사람을 살펴본 후 마무리한다.

도움말 • 무언의 산가지 놀이는 교사가 학생과 함께 시범을 보이는 것이 가장 쉽게 이해를 돕는 방법이다.
• 모둠 구성인원은 6명 정도가 적당하다.

- 무언의 산가지 놀이는 짝꿍과 더 마음을 합할 수 있고, 다른 사람들도 놀이에 대한 집중도를 더 높일 수 있는 장점이 있다.

응용

- 수업 대상에 따라 짝꿍과 산가지 떼어내기와 이동을 간단히 연습하도록 한다.
- 짝꿍과 손을 잡으면 가장 이상적이지만, 수업 대상에 따라 손을 잡는 것이 어렵다면 산가지를 사이에 놓고 손을 잡게 하거나 혹은 생략해도 좋다.

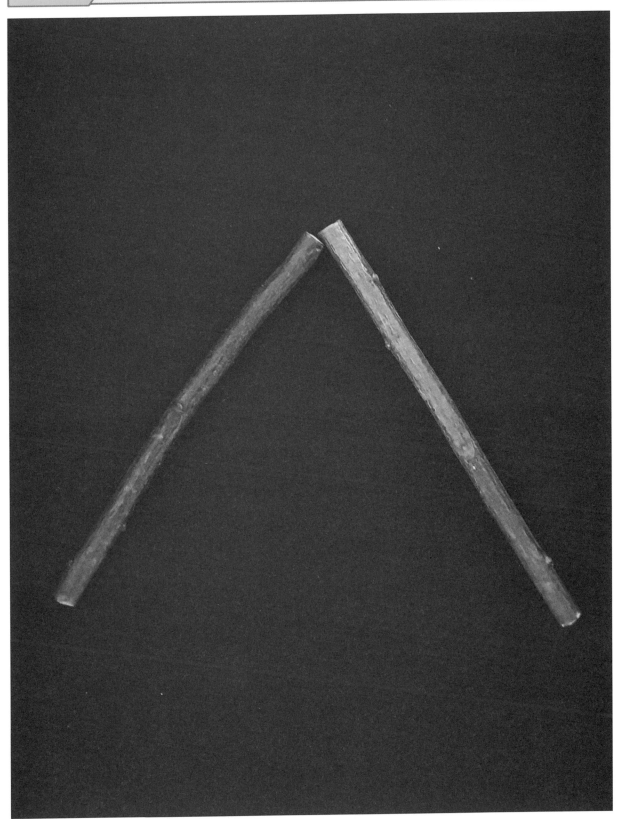

활동지 ② 쓰임도 가지가지

모둠 :

산가지 작품의 다양한 기능과 쓰임에 대해 구체적으로 작성하세요.

산가지 작품명	
산가지 작품의 기능은 무엇인가요?	
산가지 작품은 어떤 상황에 쓰이나요?	

부록 ① 　　　　만드는 것도 가지가지

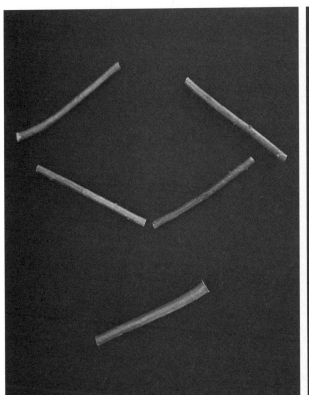
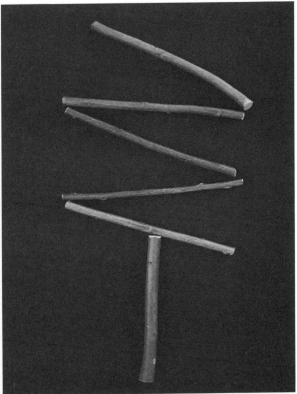

부록 ② 이것은 무엇일까요?

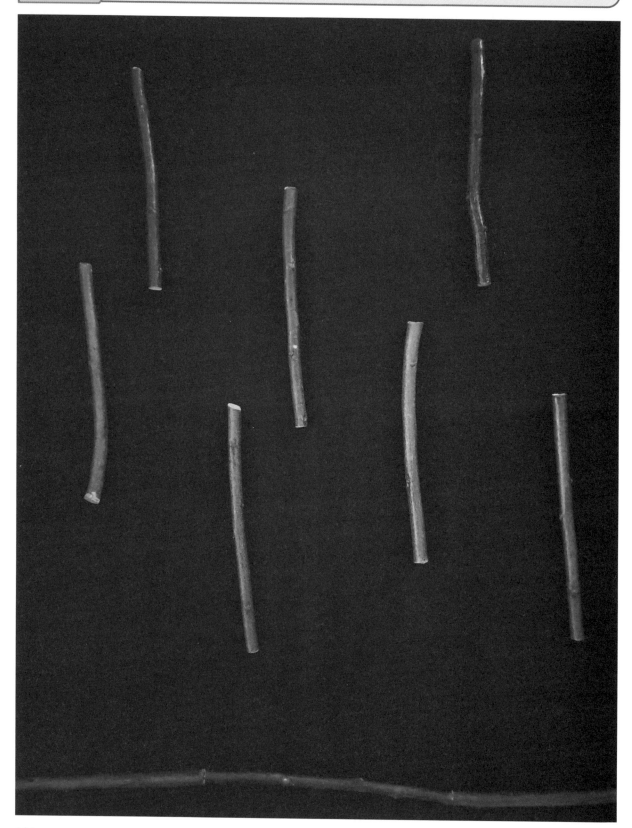

부록 ② > 이것은 무엇일까요?

부록 ②　　　이것은 무엇일까요?

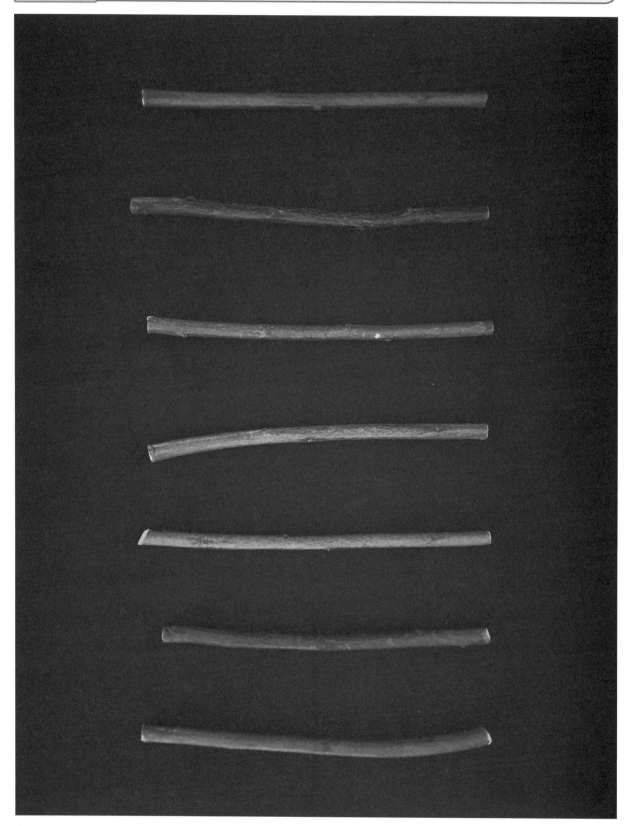

11. 그 집이 알고 싶다!

활용 놀이   가위바위보, 산가지 놀이

수업목표   다양한 집 속 가족 구성원의 갈등과 해결로 연극을 만들 수 있다.

준비물   활동지①(뚝딱! 문패), 활동지②(가족 가계도 그리기), 채색도구, 산가지, 필기도구

부록   부록①(가위바위보로 만든 집), 부록②(산가지로 만든 다양한 집), 부록③(뚝딱! 건축사무소), 부록④(다양한 가족을 뽑아라!)

교육과정

도입   가위바위보로 만든 집?
(목표: 가위바위보 놀이로 '집'이란 단어를 만들 수 있다.)

전개 1   산가지 건축사무소
(목표: 산가지로 다양한 집을 만들 수 있다.)

전개 2   가족의 탄생
(목표: 가족 구성원의 관계를 알아보기 쉽게 가계도를 그릴 수 있다.)

전개 3   가족의 전쟁과 평화
(목표: 가족 구성원의 갈등과 해결로 연극을 만들 수 있다.)

정리 및 감상   활동 후 느낌 나누기
(목표: 산가지로 표정을 만들어 느낀 점을 표현하고 감상할 수 있다.)

평가

평가 내용	평가 수준			평가 방법
	상	중	하	
다양한 집 속 가족 구성원의 갈등과 해결로 연극을 만들 수 있는가?				관찰법 실기법

가위바위보로 만든 집?

활동목표 가위바위보 놀이로 '집'이란 단어를 만들 수 있다.

활동형태 2인 1조

준비물 산가지

활동방법 ① 교사는 가위바위보 놀이로 '집'이란 단어를 순서대로 만들 것을 안내한다.
② 2명씩 짝을 지은 후 산가지를 나눠준다.
③ 가위바위보를 하여 이긴 사람은 산가지 한 개로 단어의 한 획을 만든다.
④ 단어 쓰는 순서대로 '집'을 먼저 완성하는 사람이 승리한다.
⑤ 승패가 가려지면 활동을 마무리한다.

도움말

• 2명씩 떨어져 앉아 활동 공간을 확보한다.

응용

• 수업 인원에 따라 모둠으로 구성하여 모둠 대결로 진행한다.
• 가위바위보의 다양한 변형 활동으로 진행할 수 있다.
예 묵찌빠, 하나 빼기, 몸으로 하는 가위바위보 등
• 장소는 구체적인 인물을 생각할 수 있고, 그로 인해 다양한 이야기를 손쉽게 만들 수 있는 좋은 소재다. 그러므로 이 프로그램은 모둠별로 공통 장소를 설정하거나 모둠별로 다양한 장소를 선택하여 진행하는 형태로 다양하게 변형할 수 있다.
• 산가지 활용이 어렵다면 부록①(가위바위보로 만든 집)을 활용하여 가위바위보에서 이긴 사람이 한 획을 직접 쓰며 진행한다.

산가지 건축사무소

활동목표   산가지로 다양한 집을 만들 수 있다.

활동형태   모둠

준비물   산가지, 활동지①(뚝딱! 문패), 채색도구

활동방법   ① 교사는 학생들과 다양한 집의 형태에 대해 나눈다.

　　　예 한옥, 단독주택, 이층집, 아파트, 빌라, 호텔, 펜션, 원룸 등

② 모둠을 나눈 후 모둠별 공간에 산가지를 나눠준다.

③ 모둠별로 건축사가 되어 어떤 집을 지을지 의견을 나눈다.

④ 모둠에서 결정한 집을 산가지를 활용하여 만든다.

  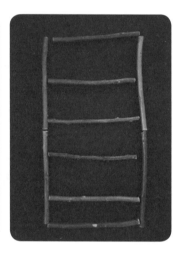

⑤ 집이 완성되면 활동지①(뚝딱! 문패)에 가정집은 수식어를 넣어 문패를 만들고, 그 외에는 상호로 문패를 만든다.

　　　예 가정집 : 행복한 집, 따뜻한 집, 유명한 집, 특별한 집 등

　　　　　상호 : 부자 아파트, 랄랄라 호텔, 두둥실 펜션 등

⑥ 발표 모둠의 집을 본 후 어떤 집으로 생각되는지 다양하게 나눈다.

⑦ 발표 모둠은 문패로 집을 소개한 후 마친다.

⑧ 모둠별로 집을 소개한 후 마무리한다.

- 다양한 집의 형태를 부록②(산가지로 만든 다양한 집)를 선택적으로 활용하여 나눌 수 있다.
- 모둠별 공간에 천을 펼쳐놓고 천 위에 집을 지으면 훨씬 더 선명하게 집을 감상할 수 있다.
- 완성한 산가지 집은 이동이 어려우니 모둠별 공간에서 발표한다.

- 시간이 충분하다면 문패를 그림글자로 하여 장소의 특징을 좀 더 나타낼 수 있다.
- 수업 시간이나 수업 대상에 따라 수업 공간 속 다양한 물건으로 집이나 집 주변을 꾸미게 하면 좀 더 구체적으로 집의 특징을 표현할 수 있다.
- 산가지 외에도 나무젓가락, 이쑤시개, 성냥개비 등을 활용하여 다양한 표현을 도울 수 있다. 소재를 달리한다면, 다양한 색의 마스킹테이프를 활용하여 바닥이나 벽면에 집을 만들 수 있다.
- 산가지 활용이 어렵다면 부록③(뚝딱! 건축사무소)을 활용하여 집을 직접 그림으로 그린 후 진행한다. 이 경우 완성한 집을 수업 공간에서 어울리는 느낌이나 형태 등을 찾아 전시하면 더욱 입체적인 감상 및 소개가 되어 좋다.
- 부록②로 2가지의 응용프로그램이 가능하다.
  첫째, 모둠별로 다양한 집을 짓지 않고, 부록②의 집을 공통의 집으로 제시한다. 부록②의 집이 어떤 집처럼 보이는지 나눈 후 모둠별로 그중 한 가지의 집과 형태를 정하고, 이름을 짓는다. 이후 전개 2는 똑같이 진행한다.
  둘째, 부록②의 집이 어떤 집인지 나눈 후 모둠별로 그중 1가지의 집을 선택하여 집의 안과 밖을 그림으로 그린다. 이는 산가지의 정해진 형태에 다양한 표현이 더해지기에 공간이 좀 더 구체화되는 장점이 있다. 이후 전개 2는 똑같이 진행한다.

활동목표   가족 구성원의 관계를 알아보기 쉽게 가계도를 그릴 수 있다.

활동형태   모둠

준비물   활동지②(가족 가계도 그리기), 필기도구

활동방법   ① 교사는 오늘날 다양한 가족 형태와 가족 구성원에 대해 학생과 함께 나눈다.

         예 가족 형태 : 1인 가구, 동거가족, 국제결혼가족, 무자녀가족 등

            가족 구성원 : 할아버지, 할머니, 아빠, 엄마, 자녀, 친척, 동거인 등

      ② 모둠별로 창조한 집에 사는 혹은 머무는 가족 구성원을 상상하여 나눈다.

      ③ 활동지②(가족 가계도 그리기)에 가족 구성원과 관계를 알아보기 쉽게 그린다.

      ④ 활동지②에 모둠별로 인물을 알 수 있는 중요한 3가지 정보를 적는다.

         예 이름, 나이, 성격, 직업, 관계의 친밀도(숫자로 표시), 특징, 꿈 등

      ⑤ 모둠별로 가계도를 발표한 후 마무리한다.

응용

• 다양한 가족의 형태로 수업 될 수 있도록 가족의 인원수와 가족의 형태로 구성된 부록④(다양한 가족을 뽑아라!)로 2가지 형태로 진행할 수 있다.

첫째, 가족의 인원수와 가족의 형태 중 한 가지를 선택하여 제비뽑기 한 후 해당하는 것으로 가족 구성원을 구체화한다.

둘째, 가족의 인원수와 가족의 형태 중 뽑을 순서를 정한 후 뽑힌 내용에 맞게 가족 구성원을 구체화한다.

전개 3 > 가족의 전쟁과 평화

활동목표   가족 구성원의 갈등과 해결로 연극을 만들 수 있다.

활동형태   모둠

준비물   활동지②(가족 가계도 그리기)

활동방법   ① 모둠별로 창조한 집에 가족 구성원이 살거나 머물면서 벌어질 수 있는 다양한 갈등 상황에 대해 나눈다.

　　　　　　예 의견 차이, 성격 차이, 오해, 세대 차이, 생활습관 등

　　　　　② 그중 갈등 인물과 상황을 선택한다.

　　　　　③ 갈등의 이유와 구체적인 해결방법을 찾아 연극을 만든다.

　　　　　④ 발표 모둠은 창조한 집과 각자 맡은 역할을 소개한 후 연극을 발표한다.

　　　　　⑤ 발표 모둠의 갈등 상황을 해결할 다른 방법을 함께 나눈다.

　　　　　⑥ 모둠별로 연극을 발표한 후 마무리한다.

> **도움말**
> • 선택한 상황에 따라 가족 구성원 모두 등장하지 않거나 가족 외 인물이 등장할 수 있다.
> • 이 프로그램뿐 아니라 모든 연극발표가 수업 공간의 앞쪽이 될 필요는 없다. 수업 공간 곳곳을 무대로 활용하면, 모둠별 발표마다 앞으로 나가 준비하는 시간을 줄일 수 있다. 또 늘 생활하는 공간을 새롭게 무대로 만나는 장점과 모둠별 무대를 중심으로 관객을 고려한 장면을 구성해보는 기회도 얻게 된다.

정리 및 감상 〉 활동 후 느낌 나누기

활동목표   산가지로 표정을 만들어 느낀 점을 표현하고 감상할 수 있다.

활동형태   모둠

준비물   산가지

활동방법   ① 다양한 집 속 가족 구성원의 갈등과 해결로 연극을 만들어 보니 어떤가요?

　　　　　② 모둠별로 원으로 둘러앉은 후 산가지를 나눠준다.

　　　　　③ 모둠원 각자 수업 후 느낀 점을 산가지로 표정을 만든다.

　　　　　④ 모둠별로 느낀 점의 표정과 그 이유를 돌아가면서 나누며 감상한다.

활동지 ① 뚝딱! 문패

모둠 :

완성한 집에 가정집은 수식어로, 그 외에는 상호로 문패를 만드세요.

활동지 ②	가족 가계도 그리기

모둠 : _____

창조한 집에 살거나 머무는 가족 구성원을 구체적으로 상상하여 가계도를 그리세요.

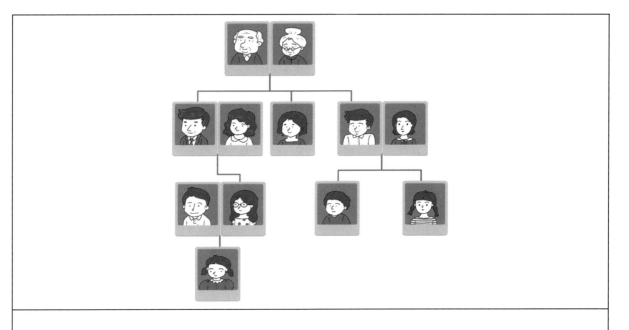

부록 ① 가위바위보로 만든 집

이름 :

가위바위보 대결을 하여 이기면 한 획씩 써서 '집'이란 글자를 완성하세요.

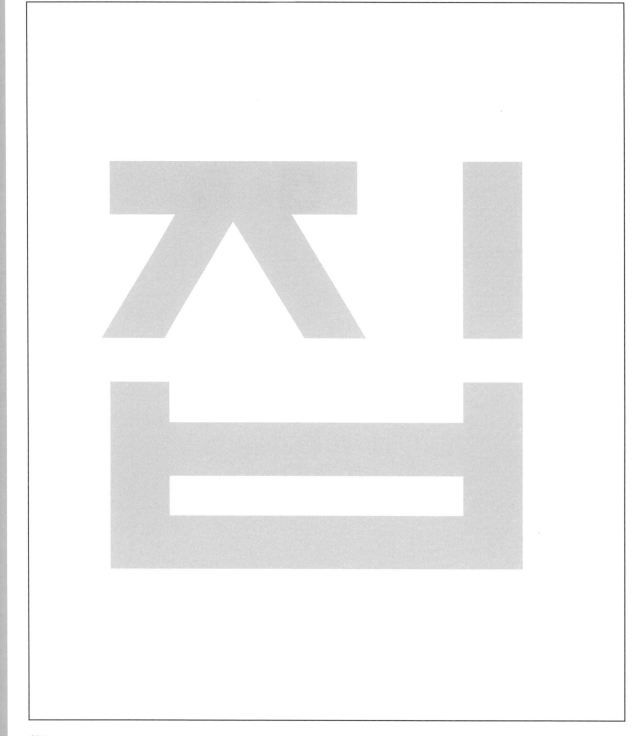

부록 ② 산가지로 만든 다양한 집

부록 ②   산가지로 만든 다양한 집

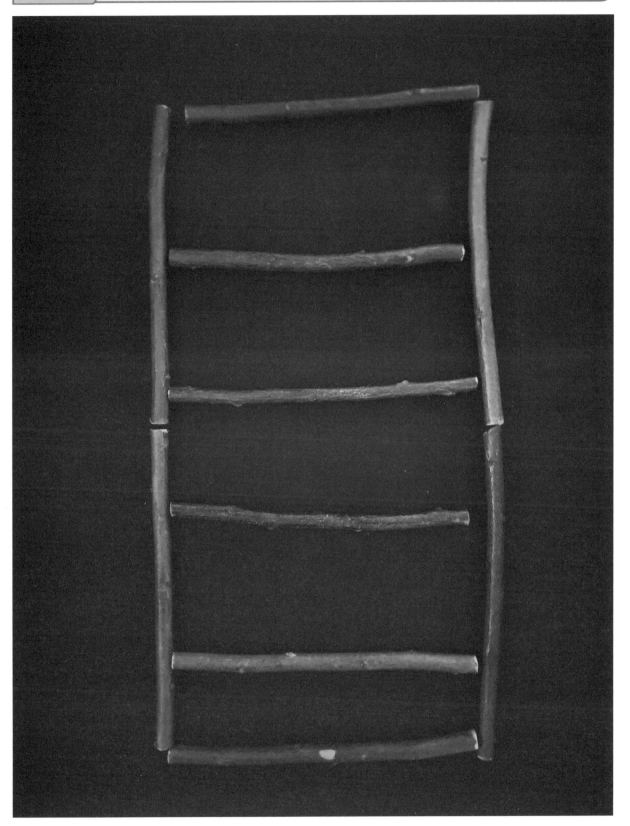

부록 ②   산가지로 만든 다양한 집

부록 ③ ▷ 뚝딱! 건축사무소

모둠 : _____

집을 구체적으로 상상하여 그린 후 집의 이름을 지어 주세요.

이 집의 이름은?

부록 ④   다양한 가족을 뽑아라!

1인 가구	2인 가구
3인 가구	4인 가구
5인 가구	6인 가구

부록 ④ 　　　다양한 가족을 뽑아라!

국제결혼 가족	무자녀 가족
동거 가족	노인 가족
핵가족	대가족

12. 낱말의 변신

활용 놀이 끝말잇기

선택 놀이 초성으로 낱말 만들기

수업목표 낱말로 만든 다양한 대사로 연극을 만들 수 있다.

준비물 활동지①(끝말잇기), 활동지②(대사로 변신한 낱말을 찾아라!), 활동지③(대사의 다양한 변신), 가위, 필기도구

부록 부록①(끝도 없는 끝말잇기), 부록②(다양한 지시문), 부록③(문장부호), 부록④(초성 카드), 부록⑤(초성으로 낱말 만들기)

교육과정 도입 끝말잇기
(목표: 끝말잇기로 다양한 낱말을 만날 수 있다.)

전개 1 대사로 변신한 낱말을 찾아라!
(목표: 낱말로 생활 속 다양하게 쓰이는 대사를 찾을 수 있다.)

전개 2 대사의 이유 있는 변신
(목표: 대사의 이유를 찾아 연극을 만들 수 있다.)

정리 및 감상 활동 후 느낌 나누기
(목표: 끝말잇기의 다양한 낱말카드로 느낀 점을 표현하고 감상할 수 있다.)

평가

평가 내용	평가 수준			평가 방법
	상	중	하	
낱말로 만든 다양한 대사로 연극을 만들 수 있는가?				관찰법 실기법

도입 끝말잇기

활동목표 끝말잇기로 다양한 낱말을 만날 수 있다.

활동형태 전체

준비물 활동지①(끝말잇기), 필기도구

활동방법 ① 원으로 둘러앉는다.
② 원의 시작 방향을 정한 후 교사가 제시한 낱말로 끝말잇기를 시작한다.
③ 앞사람이 제시한 낱말의 마지막 글자로 시작하는 낱말을 말한다.
　　📄 책상 – 상장 – 장소 – 소금 – 금고 – 고통 – 통장 – 장기 – 기도 – 도
　　　망 등
④ 낱말의 글자 수 제한은 없다.
⑤ 교사는 활동지①(끝말잇기)에 놀이에서 나온 낱말을 기록한다.
⑥ 제시한 낱말의 마지막 글자로 시작하는 낱말을 정해진 시간에 말하지 못하
　　면 놀이가 끝난다.
⑦ 놀이를 끝낸 마지막 사람이 새로운 낱말을 제시하여 다시 시작한다.
⑧ 몇 차례 진행한 후 마무리한다.

도움말
- 끝말잇기 활동의 목표는 승패가 아닌 다양한 낱말을 만나기 위한 것임을 꼭 설명한다. 두음법칙은 허용하나 지명과 인명, 끝말로 시작하는 단어가 없는 '한방단어'는 쓰지 않는다.
- 수업 대상에 따라 낱말의 중복 사용 가능 여부를 미리 정하고 시작한다.
- 낱말을 말하는 정해진 시간은 "무궁화 꽃이 피었습니다"를 함께 외치는 것처럼 구체적인 방법을 정한다.
- 활동지①은 이후에 낱말카드로 쓰이는 만큼 또박또박 큰 글씨로 쓴다.

응용
- 수업 인원이 많은 경우 모둠별로 둘러앉아 서기 한 사람을 정한 후 활동지①에 기록하며 진행한다.

• 끝말잇기를 퍼즐의 형태로 부록①(끝도 없는 끝말잇기)의 낱말을 끝말이 이어지는 순서대로 낱말을 완성하는 것으로 진행할 수 있다.

전개 1 ⟩ 대사로 변신한 낱말을 찾아라!

활동목표 낱말로 생활 속 다양하게 쓰이는 대사를 찾을 수 있다.

활동형태 전체

준비물 활동지①(끝말잇기), 활동지②(대사로 변신한 낱말을 찾아라!), 가위, 필기도구

활동방법 ① 교사는 낱말이 쓰이는 대사 이어 찾기임을 안내 후 활동지①을 잘라 만든 낱말카드를 뽑아 생활에서 쓰이는 대사를 찾는 시범을 보인다.

예 책상 : 책상에 누가 낙서를 했어, 책상이 엄청 무거워, 책상에 선물이 있어, 아빠가 직접 만들어 주신 책상이야, 책상에 앉아있기 싫어, 이 책상은 내가 원했던 게 아니야 등

② 모둠을 나눈 후 모둠별로 낱말카드 3개를 뽑는다. 낱말카드 1개는 생활 속에 쓰이는 대사를 찾는다. 나머지 2개는 이후 연극 만들기에서 선택적으로 인물, 장소, 소재 등으로 활용한다.

③ 모둠별로 대사를 찾을 낱말을 선택한다.

④ 선택한 낱말의 생활 속 다양한 대사를 활동지②(대사로 변신한 낱말을 찾아라!)에 최대한 많이 적는다.

⑤ 모두 완성하면 발표 모둠은 선택한 단어와 찾은 대사를 발표한다.

⑥ 발표 후 낱말과 관련된 대사를 함께 찾고, 추가 대사를 활동지②에 기록한다.

⑦ 모둠별로 선택한 단어와 대사를 발표한 후 마무리한다.

도움말 • 갈등에 대한 이해가 전제된 프로그램인 만큼 갈등을 포함한 극적 상황의 대사를 찾도록 안내한다.

- 모둠별로 뽑는 낱말카드 수는 수업 대상에 따라 조정하여 진행한다. 낱말카드 3 개를 설정한 것은 대사를 찾는 낱말의 선택 폭을 넓히기 위함과 이후 인물, 상황, 소재 등으로 활용하기 위해서다.
- 수업 대상에 따라 찾아낸 대사 발표를 모둠원이 끝말잇기처럼 한 사람씩 대사를 이어 말하는 형태로 진행한다.

응용

- 모둠별로 선택한 낱말을 활동지②나 전지에 써서 수업 공간에 게시한 후 전체가 생활 속 낱말이 들어가는 대사를 찾도록 한다. 이를 통해 주어진 낱말과 관련된 대사를 다양하게 나눌 수 있다.

전개 2 대사의 이유 있는 변신

활동목표   대사의 이유를 찾아 연극을 만들 수 있다.

활동형태   모둠

준비물   활동지①(끝말잇기), 활동지②(대사로 변신한 낱말을 찾아라!), 활동지③(대사의 다양한 변신), 필기도구

활동방법   ① 교사가 낱말에서 찾은 대사를 지시문과 문장부호를 넣어 같은 대사가 다양한 상황과 의미로 표현됨을 시범을 보인다.

예 책상에 누가 낙서를 했어

"(소리를 지르며) 책상에 누가 낙서를 했어?"

"(걱정하며) 책상에 누가 낙서를 했어?"

"(슬퍼하며) 책상에 누가 낙서를 했어..."

"(깜짝 놀라며) 책상에 누가 낙서를 했어!"

② 모둠별로 낱말에서 찾은 대사를 활동지③(대사의 다양한 변신)에 지시문과 문장부호를 넣어 다양한 대사로 만들어 본다.

③ 그중 한 가지 대사의 지시문과 문장부호를 선택한다.

④ 선택한 대사를 하게 되는 이유와 상황, 장소, 인물을 구체적으로 상상하여 연극을 만든다. 이때 전개 1에서 뽑았던 낱말카드를 모둠별로 선택적으로 사용한다.

⑤ 발표 모둠은 먼저 선택한 대사를 지시문과 문장부호에 맞게 모두 발표한다.

⑥ 발표 모둠의 대사 지시문과 문장부호를 함께 맞혀본다.

⑦ 발표 모둠이 선택한 대사의 이유로 만든 연극을 발표한다.

⑧ 모둠별로 연극을 발표한 후 마무리한다.

도움말

• 수업 대상에 따라 부록②(다양한 지시문), 부록③(문장부호)을 제공하여 다양한 대사를 만들도록 도울 수 있다.

응용

• 본 프로그램을 부분적으로 변형하면 다양한 연극 프로그램을 할 수 있다.

첫째, 끝말잇기에 나왔던 단어 중 몇 개의 낱말을 선택하고 그것을 소재로 갈등을 넣어 연극을 만들 수 있다.

둘째, 같은 맥락에서 전개 2에서 찾은 다양한 대사 중 몇 개를 선택하여 대사의 이유로 연극을 만들 수 있다.

위의 두 경우는 이야기 만들기 난이도가 '상'에 해당한다. 연관성 없는 낱말과 대사를 연결하여 이야기를 창조하기는 쉽지 않지만, 그로 인해 학생들은 생각지 못한 이야기를 창조해낸다.

셋째, 공통 지시문과 부호를 정하고, 모둠에서 선택한 대사와 연결하여 연극을 만들 수 있다.

예 공통 지시문 : 걱정하며 / 공통 부호 : ?

　(걱정하며) 책상에 누가 낙서를 했어?

　(걱정하며) 여기가 아니야?

　(걱정하며) 거짓말이야?

넷째, 공통 대사에 지시문과 부호를 모둠별로 선택하여 대사를 완성한 후 연극을 만들 수 있다.

다섯째, 한 대사에 공통 지시문과 부호를 넣고, 모둠별로 다양한 상황을 상상하여 연극을 만들 수 있다.

예 공통 대사 : (걱정하며) 책상에 누가 낙서를 했어?

낙서된 책상 때문에 속상해하는 친구가 걱정되어 위로하는 상황, 시험 전 책상에 오해할 만한 낙서가 되어 걱정하는 상황, 가구점의 책상에 모두 낙서가 되어 버린 상황 등

정리 및 감상 〉 활동 후 느낌 나누기

활동목표 끝말잇기의 다양한 낱말카드로 느낀 점을 표현하고 감상할 수 있다.

활동형태 전체

준비물 활동지①(끝말잇기)

활동방법 ① 낱말로 만든 다양한 대사로 연극을 만들어 보니 어떠한가요?

② 원으로 둘러앉은 후 원 안에 다양한 낱말카드를 펼쳐놓는다.

③ 원의 시작 방향을 정한 후 돌아가면서 낱말에 느낀 점을 빗대어 표현하고 감상한다.

예 "저는 오늘 '금고' 같았어요. 낱말이 '금고'처럼 무수히 많은 것들을 담아낼 수 있음을 알게 되었어요" 등

 • 수업 인원에 따라 모둠별로 둘러앉아 진행한다.

• 수업 대상에 따라 낱말카드가 아닌 자신의 느낀 점을 낱말로 표현한다. 혹은 낱말카드에 자신의 느낀 점을 수식어를 넣어 표현해도 좋다.

예 신기한 금고, 소중한 금고, 재밌는 금고 등

선택 놀이 〉 초성으로 낱말 만들기

활동목표   초성으로 다양한 낱말을 만들 수 있다.

활동형태   모둠

준비물   부록④(초성 카드), 부록⑤(초성으로 낱말 만들기), 필기도구

활동방법   ① 교사는 초성 카드를 1개 뽑은 후 선택한 초성으로 시작하는 낱말을 학생들과 함께 만들어 본다.

　　　예 ㄱ : 고장, 고래, 고릴라, 고민, 고통, 고수, 고기, 고개 등

② 모둠을 나눈 후 모둠별로 부록⑤(초성으로 낱말 만들기)를 가지고 원으로 앉는다.

③ 모둠별로 초성 카드 1개를 뽑는다.

④ 선택한 초성으로 시작하는 낱말을 부록⑤에 정해진 시간 동안 최대한 많이 찾아 적는다.

⑤ 낱말의 글자 수 제한은 없다.

⑥ 모둠별로 초성으로 찾은 낱말을 돌아가면서 발표한 후 마무리한다.

도움말 〉

• 낱말은 지명과 인명을 제외한다.

응용 〉

• 수업 대상에 따라 초성으로 낱말 찾기의 난이도를 조절하여 다양하게 진행할 수 있다.

첫째, 초성 카드를 2개 혹은 그 이상을 선택한 후 그것에 맞게 낱말을 찾는다.

　예 ㄱ ㄱ : 고기, 고개, 금고, 공공, 공구, 고객, 골격, 기기, 거금 등

둘째, 초성 카드 1개를 공통으로 뽑은 후 끝말잇기와 같은 방식으로 선택한 초성으로 시작하는 낱말을 이어 말한다.

셋째, 초성 카드 9개를 뽑은 후 3가지 초성이 들어가는 낱말을 찾는다.

　예 ㄱ, ㄷ, ㅁ, ㅂ, ㅅ, ㅇ, ㅈ, ㅌ, ㅎ

고등어, 안경집, 마우스, 강아지, 지우개, 자동문, 화장실, 사이다 등

• 초성이 아닌 모둠원의 이름을 글자로 활용하여 새롭게 낱말을 찾을 수 있다. 낱
  말의 글자 수 제한은 없다.
  예 모둠원의 이름 : 함현경, 유재석, 백종원
    경유, 종, 원, 석유, 경종, 현재, 함석, 원유, 백석, 유종, 재현, 원석 등

활동지 ① 〉 끝말잇기

끝말잇기에 나온 낱말을 순서대로 작성하세요.

활동지 ②　　　대사로 변신한 낱말을 찾아라!

모둠 : _____

선택한 낱말을 생활 속에서 다양하게 쓰이는 대사로 찾아 작성하세요.

선택 낱말	
■	

활동지 ③ 　대사의 다양한 변신

모둠 : _____

낱말에서 찾은 대사에 구체적인 지시문과 문장부호를 넣어 다양한 대사를 작성하세요.

선택 대사				
지시문	(말이나 행동, 감정 등을 지시)	문장부호	. ? ! ...	
█ (	) _____			☐
█ (	) _____			☐
█ (	) _____			☐
█ (	) _____			☐
█ (	) _____			☐
█ (	) _____			☐
█ (	) _____			☐
█ (	) _____			☐
█ (	) _____			☐

책상	상장	장소	소금
금고	고통	통장	장구
구조	조건	건강	강물
물고기	기사	사장	장미
미용실	실수	수영	영어
어린이	이사	사이	이야기
기준	준비	비행기	기분
분리	리모컨	콘서트	트집

말을 끊으며	뒤로 물러서면서	위협적인 목소리로
갑자기	울먹이며	소리 지르며
두리번거리며	속삭이며	기뻐하며
주저하며	아주 다정하게	점점 자신 없는 목소리로
얄미운 말투로	혼잣말로	어색하게 웃으며
의심스럽게	마지 못해서	화를 내며
태도를 바꾸며	단호하게	더 이상 못 참겠다는 듯
고민하면서	믿을 수 없다는 듯	깜짝 놀라

부록 ③ 〉 문장부호

.	?	!	…
.	?	!	…
.	?	!	…
.	?	!	…
.	?	!	…
.	?	!	…
.	?	!	…
.	?	!	…

초성 카드

ㄱ	ㄴ
ㄷ	ㄹ
ㅁ	ㅂ
ㅅ	ㅇ
ㅈ	ㅊ
ㅋ	ㅌ
ㅍ	ㅎ

부록 ⑤   초성으로 낱말 만들기

모둠 :

선택한 초성으로 시작하는 낱말을 최대한 많이 찾아 작성하세요.

선택한 초성		

13. 숫자로 새롭게 보는 일상

활용 놀이   베스킨라빈스 31

수업목표   일상 속 숫자의 쓰임과 갈등으로 연극을 만들 수 있다.

준비물   활동지①(일상 속 숫자의 다양한 쓰임을 찾아라!), 활동지②(감정 카드), 필기도구

부록   부록①(다양한 숫자놀이), 부록②(일상 속 숫자의 다양한 쓰임), 부록③(숫자의 다양한 쓰임 더하기)

교육과정

도입   베스킨라빈스 31

(목표: 숫자 놀이를 할 수 있다.)

전개 1   일상 속 숫자의 다양한 쓰임을 찾아라!

(목표: 일상 속 숫자의 다양한 쓰임을 찾을 수 있다.)

전개 2   숫자 때문에 일어난 갈등

(목표: 일상 속 숫자로 인한 갈등을 찾아 연극을 만들 수 있다.)

정리 및 감상   활동 후 느낌 나누기

(목표: 활동 후 느낀 점을 감정과 점수로 표현하고 감상할 수 있다.)

평가

평가 내용	평가 수준			평가 방법
	상	중	하	
일상 속 숫자의 쓰임과 갈등으로 연극을 만들 수 있는가?				관찰법 실기법

베스킨라빈스 31

활동목표   숫자 놀이를 할 수 있다.

활동형태   모둠

활동방법   ① 모둠을 나눈 후 원으로 둘러앉는다.

② 시작 방향을 정한 후 1부터 31까지 숫자를 순서대로 외친다.

③ 한 사람은 한 번에 1-3개의 숫자를 선택해서 외칠 수 있다.

④ 마지막에 31를 외치는 사람이 진다.

⑤ 진 사람이 다시 시작하여 몇 차례 진행한 후 마무리한다.

도움말

• 수업 대상 인원에 따라 활동형태를 전체로 하거나 모둠 수를 정해서 한다.

• 한 번 외친 숫자는 다시 바꿀 수 없다.

응용

• 도입 활동은 숫자와 관련된 경쟁 놀이면 무엇으로든 대체할 수 있다. 경쟁 놀이는 운동경기처럼 승부와 승패가 있는 것이다. 이는 연극의 갈등 요소로 이후 숫자와 관련된 일상 속 갈등 상황을 찾는 토대가 된다.

• 수업 대상에 따라 학생들과 함께 찾은 숫자 놀이를 하거나 부록①(다양한 숫자놀이) 중 제비뽑기를 하여 진행한다.

예 369게임, 구구단을 외자!, 007빵, 제기차기, 숫자 빙고, 손으로 하는 제로 게임, 인간 제로 게임, 공기놀이 등

전개 1 일상 속 숫자의 다양한 쓰임을 찾아라!

활동목표 일상 속 숫자의 다양한 쓰임을 찾을 수 있다.

활동형태 모둠

준비물 활동지①(일상 속 숫자의 다양한 쓰임을 찾아라!), 필기도구

활동방법 ① 교사는 베스킨라빈스 31에서 쓰였던 31 숫자가 무엇을 의미하는지 학생들과 나눈다. 이후 운동경기에서는 숫자가 어떻게 활용되는지 학생들과 함께 나눈다.

예 점수, 등수, 인원수, 경고의 수, 경기의 수, 시간, 선수 번호, 공간의 크기, 관람석의 수, 관람석 자리, 관람비, 기록 등

② 모둠을 나눈 후 교사는 수업 공간, 모둠원, 일상 속 숫자의 다양한 쓰임을 찾도록 안내한다.

③ 모둠별로 활동지①(일상 속 숫자의 다양한 쓰임을 찾아라!)에 숫자의 다양한 쓰임을 최대한 많이 찾아 작성한다.

예 학년, 반 번호, 시간표, 실내화 크기, 키, 온도, 인원, 나이, 몸무게, 시간, 날짜, 비밀번호, 가격, 개수, 쪽수, 시청률 등

④ 정해진 시간 동안 찾은 숫자의 다양한 쓰임을 모둠별로 발표한다.

⑤ 숫자 쓰임이 중복되는 것은 제외하고 발표한다.

⑥ 숫자의 다양한 쓰임을 듣고, 느낀 점을 나눈 후 마무리한다.

도움말
• 숫자의 쓰임은 되도록 구체화하여 쓰도록 한다.
예 번호 : 반 번호, 전화번호, 자동차 번호, 주민등록번호, 로또 번호, 우편번호, TV 채널 번호, 은행 비밀번호, 택배 운송장 번호, 예매 번호, 좌석 번호, 추첨 번호 등

응용
• 수업 시간에 따라 일상 속 숫자의 다양한 쓰임을 나눈 후 부록②(일상 속 숫자의 다양한 쓰임)를 제비뽑기 한 후 뽑은 숫자의 쓰임을 구체화하여 연극을 만들 수

있다. 이는 전체 공통의 쓰임으로 하거나 모둠별로 진행할 수 있다.

- 부록③(숫자의 다양한 쓰임 더하기)으로 일상 속 숫자의 쓰임 몇 가지를 구체화하거나 한 가지만 구체화하는 것 중 선택하여 진행할 수 있다.

- 수업 대상에 따라 숫자와 관련된 책으로 《수학이 정말 우리 세상 곳곳에 있다고?》(후안 사비아 글, 파블로 피시크 그림, 찰리북, 2018)를 추천한다. 이 책은 우리의 일상 곳곳 필요에 의해 탄생한 수학에 대한 이해를 도우며, 더불어 숫자에 대해 보다 넓은 시각을 갖게 해준다.

전개 2 숫자 때문에 일어난 갈등

활동목표 일상 속 숫자로 인한 갈등을 찾아 연극을 만들 수 있다.

활동형태 모둠

준비물 활동지①(일상 속 숫자의 다양한 쓰임을 찾아라!)

활동방법 ① 교사는 활동지①에서 찾은 숫자의 쓰임 중 한 가지를 선택하여 그로 인해 벌어질 수 있는 다양한 갈등 상황을 학생들과 나눈다.

　　例 시간 : 친구와의 약속 시각을 지키지 못했을 때, 학교에 지각했을 때, 엄마와 정한 게임 시간을 지키지 않았을 때, 시험 시간 안에 시험지를 풀지 못했을 때 등

② 모둠별로 활동지①에서 찾은 숫자의 쓰임 중 갈등이 벌어질 수 있는 다양한 상황을 나눈다.

③ 그중 숫자의 쓰임 1가지를 선택한 후 갈등의 원인과 해결을 넣어 연극을 만든다.

④ 발표 모둠은 선택한 숫자의 쓰임을 소개한 후 연극을 발표한다.

⑤ 모둠별로 연극을 발표한 후 마무리한다.

• 교사와 함께 찾았던 갈등 상황을 선택할 수 있다. 어떤 갈등 상황의 원인과 해결의 경우의 수는 생각보다 다양하기 때문이다.

정리 및 감상 ▷ 활동 후 느낌 나누기

활동목표   활동 후 느낀 점을 감정과 점수로 표현하고 감상할 수 있다.

활동형태   전체

준비물   활동지②(감정 카드)

활동방법   ① 일상 속 숫자의 쓰임과 갈등으로 연극을 만들어 보니 어떠한가요?

② 원으로 둘러앉은 후 활동지②(감정 카드)를 살펴본다.

③ 감정 카드 중 오늘 나의 느낀 점을 1가지 선택한다.

④ 선택한 감정 카드와 그 감정 정도를 1-10점 중 선택한다.

  예 "기쁨 8점이요. 오늘은 숫자로 새롭게 일상을 봐서 흥미로웠어요." 등

⑤ 원의 시작 방향을 정해 감정과 점수로 느낀 점을 나누고 감상한 후 마무리한다.

• 수업 대상에 따라 감정 찾기의 어려움이 없다면 감정 카드는 선택적으로 사용한다.

• 활동지②는 오려서 펼쳐놓거나 활동지②를 직접 나눠줄 수 있다.

• 수업 시간 및 인원에 따라 모둠별로 진행한다.

• 인터넷에 '감정 카드'를 검색하여 감정을 표현하는 다양한 단어를 추가하거나 감정카드를 구입하여 활용할 수 있다.

일상 속 숫자의 다양한 쓰임을 찾아라!

모둠 :

일상 속 숫자의 다양한 쓰임을 최대한 많이 찾아 작성하세요.

활동지 ② 〉 감정 카드

기쁨	화남
놀람	외로움
뿌듯함	속상함
고마움	미안함
편안함	지루함

369게임	베스킨라빈스 31
구구단을 외자!	007빵
숫자 빙고	제기차기
제로 게임	공기놀이

나이	무게
크기	날짜
점수	시간
번호	돈
인원	개수

모둠 : _____

일상 속 숫자의 다양한 쓰임을 구체적으로 작성하세요.

나이	
크기	
점수	
번호	
인원	

| 부록 ③ | 숫자의 다양한 쓰임 더하기 |

모둠 : _____

일상 속 숫자의 다양한 쓰임을 구체적으로 작성하세요.

무게	
날짜	
시간	
돈	
번호	

부록 ③	숫자의 다양한 쓰임 더하기

모둠 : _____

선택한 일상 속 숫자의 다양한 쓰임을 구체적으로 작성하세요.

선택한 쓰임	

14. 일상 속 숨겨둔 이야기?

활용 놀이   소리 보물찾기

선택 놀이   소리 보물찾기(변형)

수업목표   숨김 속 갈등으로 만든 육하원칙 문장으로 연극을 만들 수 있다.

준비물   활동지①(단어카드), 활동지②(숨긴 이유를 찾아라!), 카드 봉투, 핸드벨, 필기
도구

부록   부록①(보물을 찾아라!), 부록②(다양한 인물), 부록③(다양한 동사)

교육과정   도입   뭉치면 살고 흩어지면 죽는 보물찾기
(목표: 보물찾기로 단어카드를 만날 수 있다.)

전개 1   숨긴 이유를 찾아라!
(목표: 숨김의 다양한 갈등 상황을 육하원칙 문장으로 만들 수 있다.)

전개 2   숨김없이 보는 연극
(목표: 육하원칙 문장으로 연극을 만들 수 있다.)

정리 및 감상   활동 후 느낌 나누기

(목표: 활동 후 느낀 점을 육하원칙으로 표현하고 감상할 수 있다.)

평가

평가 내용	평가 수준			평가 방법
	상	중	하	
숨김 속 갈등으로 만든 육하원칙 문장으로 연극을 만들 수 있는가?				관찰법 실기법

도입 뭉치면 살고 흩어지면 죽는 보물찾기

활동목표 보물찾기로 단어카드를 만날 수 있다.

활동형태 전체

준비물 활동지①(단어카드), 카드 봉투, 핸드벨

활동방법 ① 원으로 둘러앉은 후 교사는 보물찾기할 단어카드가 들어있는 봉투를 학생들에게 보여준다.

② 학생들이 눈을 감고 노래를 부르면, 교사는 수업 공간 곳곳에 단어카드 봉투를 숨긴다.

③ 교사는 핸드벨 소리의 크기로 보물의 위치를 알려줌을 설명한다. 핸드벨로 일정한 크기의 소리를 지속해서 낸다. 소리는 보물에 가까워질수록 점점 더 커지고, 멀어질수록 작아진다.

④ 교사의 핸드벨 시작 소리와 함께 보물인 단어카드를 찾는다.

⑤ 모두가 함께 움직이기에 서로의 움직임과 핸드벨 소리를 잘 살펴보며 찾는다. 학생들은 중간중간 보물을 찾기 위한 구체적인 작전 회의를 한다.

⑥ 숨긴 단어카드 봉투를 다 찾으면 단어카드를 확인한 후 마무리한다.

도움말 • 단어카드 봉투는 수업 공간의 것들과 헷갈리지 않는 것으로 준비한다.

• 단어카드의 수는 전개 활동을 전체가 공통 단어로 하고자 한다면 1개를, 모둠별로 하거나 단어 선택의 폭을 넓히고 싶다면 그 이상을 선택한다.

• 교사는 핸드벨 소리 이외에 어떤 힌트도 주지 않는다.

• 활동 초반에 학생들은 보물을 빨리 찾고 싶단 생각에 각자 다니기 쉽다. 교사는 활동명으로 보물을 찾을 수 있는 힌트를 주어 개인이 아닌 전체가 함께 다닐 수 있도록 안내한다. 더불어 전체가 함께할 수 있는 구체적인 방법을 찾도록 돕는 촉매제 역할을 한다.

• 수업 시간에 따라 일정한 활동시간을 정한다.

- 단어카드는 부록①(보물을 찾아라!)에 학생들이 직접 보물처럼 소중히 여기는 것을 작성한다. 봉투 대신 부록①을 쪽지 접기나 종이접기를 하여 진행한다.
- 소리 도구는 우드 블록, 소고 등도 활용할 수 있다. 소리 도구가 없을 땐 손뼉을 치거나 칠판이나 책상 등을 손으로 두드려도 된다.
- 수업 인원이 적다면 전체가 한 줄로 손을 잡는 형태로 진행한다. 양쪽 끝 사람들의 남은 한 손으로만 보물을 찾는다. 나머지 사람들은 의견을 모아 보물을 찾도록 돕는 안내자 역할을 한다. 수업 인원이 많거나 모둠별 활동으로 진행하고자 할 때도 같은 방법으로 할 수 있다. 이 놀이는 구조의 간단한 변형으로 협동이 중요한 놀이가 된다.
- 수업 시간이 충분하다면 활동명을 초성 퀴즈나 몸짓 퀴즈로 진행하여 보물찾기에서 중요한 협동에 대해 함께 알아보고 시작한다.

전개 1 ▷ 숨긴 이유를 찾아라!

활동목표 숨김의 다양한 갈등 상황을 육하원칙 문장으로 만들 수 있다.

활동형태 모둠

준비물 활동지②(숨긴 이유를 찾아라!), 필기도구

활동방법 ① 교사는 숨긴 것을 찾는 보물찾기의 상황을 일상 속 다양한 숨김과 연결하여 그 속에 숨어 있는 갈등을 찾아볼 것을 안내한다. 이를 단어카드를 소재로 숨김의 갈등 상황을 구체적인 육하원칙 문장으로 만드는 시범을 보인다.

예 단어카드 : 휴대폰

육하원칙 : 누가/ 언제/ 어디에서/ 무엇을/ 어떻게/ 왜

- 보물이가/ 저녁에 양치질하며/ 화장실에/ 휴대폰을/ 몰래 숨겼다/ 모두 자면 엄마 몰래 게임을 하려고
- 엄마가/ 주말 아침에 일어나자마자/ 빨래 바구니에/ 보물이 휴대폰을/ 몰래 숨겼다/ 보물이가 게임을 못 하게 하려고
- 보물이가/ 늦은 밤/ 동생 가방에 / 엄마 휴대폰을/ 전원을 꺼서 몰래

숨겼다/ 매일 휴대폰 하는 엄마가 자기만 게임 못하게 하는 것이 얄미워서

② 모둠을 나눈 후 모둠별로 활동지②(숨긴 이유를 찾아라!)에 단어카드를 소재로 발생할 수 있는 다양한 갈등 상황을 육하원칙 문장으로 작성한다.

③ 모둠별로 작성한 다양한 육하원칙 문장을 발표한 후 마무리한다.

도움말

- 보물찾기 놀이는 그 자체가 숨기고, 찾아야 하는 서로 다른 입장의 갈등을 포함하고 있다. 숨기는 것은 어떤 것을 감추어 보이지 않게 하거나 어떤 사실이나 행동을 남이 모르게 하려는 갈등을 포함한 행동이기에 이를 소재로 프로그램을 구성하였다.
- 교사는 학생들과 무언가를 숨길 수 있다면 숨기고 싶은 것과 그 이유를 자연스럽게 나누며 시작해도 좋다.
- 육하원칙은 갈등 상황을 정확하고 자세히 쓸 수 있도록 돕는 것이니 되도록 형식에 맞게 문장을 작성하도록 한다.

응용

- 수업 대상에 따라 단어카드가 아닌 숨김의 갈등 상황을 자유롭게 상상하도록 하면 다양한 소재와 갈등 상황을 만날 수 있다.

  예 보물이는/ 늦은 밤/ 방에서/ 친구를/ 고민하다 카톡에서 친구 숨김을 했다/ 자기를 믿지 않고 오해하는 친구에게 화가 나서

  나무꾼은/ 낮에/ 깊은 산속에서/ 사냥꾼에게 쫓기는 사슴을/ 쌓아 놓은 나뭇더미에 몰래 숨겨주었다/ 사슴이 살려달라고 간절하게 부탁해서

  보물이는/ 낮에/ 집에서/ 엄마의 목걸이를/ 책 사이에 몰래 숨겼다/ 실수로 목걸이를 끊어뜨려 엄마한테 혼날까 봐

  도둑이/ 밤에/ 폐가에/ 훔친 물건을/ 몰래 숨겼다/ 경찰에게 잡히지 않기 위해서

  보물이는/ 낮에/ 학교에서/ 속상한 마음을/ 웃으며 숨겼다/ 친구들에게 마음을 들키고 싶지 않아서

- 수업 대상에 따라 다양한 상황 창조를 위해 3가지 방법을 활용할 수 있다.

  첫째, 인터넷에 '숨긴 이유'를 검색하면 생각지 못한 다양한 상황을 만날 수 있다.

이를 바탕으로 새롭게 상상하여 육하원칙 문장을 작성한다.

둘째, 각자 작성한 육하원칙 문장을 나누는 것도 좋은 방법이다.

셋째, 부록②(다양한 인물)를 활용하여 인물로 상상을 촉진할 수 있다.

〔예〕친구, 아이, 엄마, 아빠, 의사, 대통령, 할머니, 할아버지, 사장, 거지, 도깨비, 도둑, 경찰, 요리사, 연예인, 운동선수, 아기, 화가 등

〈전개 2〉 숨김없이 보는 연극

활동목표　육하원칙 문장으로 연극을 만들 수 있다.

활동형태　모둠

준비물　활동지②(숨긴 이유를 찾아라!), 필기도구

활동방법　① 모둠별로 수업 공간에서 단어카드의 물건을 대체할 물건을 비밀리에 찾는다.

　　　　　〔예〕단어카드 : 휴대폰

　　　　　　　필통, 수첩, 작은 책, 종이를 비슷한 크기로 접어서 등

　　　　　② 모둠별로 활동지②의 다양한 문장 중 한 문장을 선택한다.

　　　　　③ 선택한 문장의 '왜'를 구체적인 상황으로 창조한다.

　　　　　④ 창조한 갈등 상황의 결과를 넣어 연극을 만든다.

　　　　　⑤ 발표 모둠은 선택한 대체 물건을 공개한 후 연극을 발표한다.

　　　　　⑥ 모둠별로 연극을 돌아가면서 발표한 후 마무리한다.

〔도움말〕
- 수업 공간에서 대체할 물건을 찾을 땐 물건의 기본적 특성을 잘 반영하여 찾도록 안내한다. 모둠별로 비밀리에 물건을 선택하고 공개하는 것은 과정의 또 다른 흥미 요소가 된다.
- 모둠별로 선택한 물건에 대한 비난과 평가를 하지 않도록 주의한다.

정리 및 감상 ▷ 활동 후 느낌 나누기

활동목표   활동 후 느낀 점을 육하원칙으로 표현하고 감상할 수 있다.

활동형태   2인 1조

활동방법   ① 숨김 속 갈등으로 만든 육하원칙 문장으로 연극을 만들어 보니 어떠한가요?
                 ② 2명씩 짝을 지은 후 느낀 점을 육하원칙에 맞게 나누고 감상한 후 마무리
                 한다.

> **도움말**
> • 2명씩 만나는 형태는 충분한 상호작용을 할 수 있으며, 더불어 그런 기회를 제공
> 하는 것에 의미가 있다.

> **응용**
> • 이 프로그램은 '숨기다'라는 동사를 갈등 상황으로 활용한 것이다. 이를 확장하
> 여 동사가 사람이나 사물의 움직임을 나타낸 것이란 설명 후 느낀 점을 동사에
> 빗대어 표현할 수 있다. 수업 대상에 따라 부록③(다양한 동사)을 활용하여 그중
> 선택하여 나눈다.
> 例 살펴보다 : 일상에서 한 가지 물건이 숨겨지는 다양한 상황을 살펴보는 것이
>   신기했어요 등

선택 놀이 ▷ 소리 보물찾기(변형)

활동목표   보물찾기로 단어카드를 만날 수 있다.

활동형태   전체

준비물   활동지①(단어카드), 카드 봉투

활동방법   ① 원으로 둘러앉은 후 교사는 보물찾기할 단어카드가 들어있는 봉투를 학생들에게 보여준다.

② 보물인 단어카드를 찾을 술래 한 명을 징한다. 나머지 학생들은 보물을 찾도록 돕는 안내자 역할을 한다.

③ 술래는 수업 공간 밖에 잠시 나가거나 뒤돌아 눈을 감는다.

④ 교사는 말없이 안내자 학생 중 한 명의 다리 밑에 보물을 숨긴다.

⑤ 안내자 학생들과 보물의 위치를 정확하게 확인한다.

⑥ 안내자 학생들은 모두 일정한 소리 크기로 손뼉을 친다.

⑦ 술래가 들어오면 원의 시작 방향을 정해 천천히 걷는다.

⑧ 나머지 학생들은 박수 소리로 술래에게 보물의 위치를 알려준다. 박수 소리가 보물에 가까워질수록 점점 더 커지고, 멀어질수록 작아진다.

⑨ 술래가 보물을 맞힐 기회는 단 한 번이며, 보물이 숨겨져 있다고 생각한 학생의 이름을 그 자리에 서서 외친다.

⑩ 지목된 학생은 다리를 들어 보물이 있는지 보여준다.

⑪ 실패하면 지목된 학생이 술래가 되어 다시 활동을 시작한다.

⑫ 보물을 찾으면 활동을 마무리한다.

도움말
- 보물을 찾는 동안 안내자 학생들은 술래에게 눈짓이나 몸짓 등의 비언어적 표현으로 힌트를 주지 않도록 한다.
- 술래가 보물을 맞힐 기회는 수업 대상에 따라 조절한다.

응용
- 술래가 원 방향으로만 걷고, 뒤로 갈 수 없음을 약속으로 정하면 좀 더 신중하게 박수 소리를 들으며 활동할 수 있다.
- 단어카드가 1개 이상일 때도 같은 방식으로 활동할 수 있다.
- 원의 형태가 아닌 흩어진 형태로도 충분히 가능하다.

활동지 ①	단어카드

핸드폰	편지
상자	친구
비밀	사진
가방	마음
이름	열쇠

활동지 ② > 숨긴 이유를 찾아라!

모둠 : _____

일상 속 다양한 숨김의 갈등 상황을 육하원칙 문장으로 작성하세요.

선택 단어					
누가	언제	어디에서	무엇을	어떻게	왜

부록 ①   보물을 찾아라!

이름 :

'보물' 하면 떠오르는 소중한 한 가지를 단어로 작성하세요.

부록 ② | 다양한 인물

친구	사장	거지	도깨비
도둑	연예인	경찰	운동선수
화가	군인	선생님	엄마
노인	아이	엄마	아빠
대통령	경호원	의사	요리사

부록 ③ 〉 다양한 동사

먹다	돕다	두드리다	말하다
찾다	펼치다	깨닫다	관찰하다
힘내다	고민하다	바꾸다	움직이다
얻다	해내다	도전하다	살펴보다
이해하다	풀다	충돌하다	막히다

15. 내 손에 다 있다!

활용 놀이 등에 댄 손 치기, 퍼즐

선택 놀이 손바닥 뒤집기 놀이

수업목표 관계 속 갈등을 해결하는 손의 역할로 연극을 만들 수 있다.

준비물 활동지①(손의 문제), 가위

부록 부록①(시를 완성하자!), 부록②(새롭게 완성하는 시), 부록③(다양한 손 관용구)

교육과정 도입 등에 댄 손 치기
(목표: 놀이 속 손의 역할을 생각할 수 있다.)

전개 1 시 퍼즐을 완성하자!
(목표: 손의 역할을 시로 만날 수 있다.)

전개 2 ♬손에 손잡고♬
(목표: 관계 속 다양한 갈등의 해결방법을 손에서 찾아 연극을 만들 수 있다.)

정리 및 감상 활동 후 느낌 나누기
(목표: 활동 후 느낀 점을 손으로 다양하게 표현하고 감상할 수 있다.)

평가

평가 내용	평가 수준			평가 방법
	상	중	하	
관계 속 갈등을 해결하는 손의 역할로 연극을 만들 수 있는가?				관찰법 실기법

도입 등에 댄 손 치기

활동목표 놀이 속 손의 역할을 생각할 수 있다.

활동형태 전체

활동방법 ① 각자 두 손 중 한쪽 손을 등에 손바닥이 보이게 댄다.

② 등에 댄 손은 주말 예능 프로그램 〈런닝맨〉의 이름표처럼 지켜내야 할 각자의 생명이다.

③ 나머지 한 손은 상대를 방어하거나 다른 사람의 등에 댄 손바닥을 치는 데 사용한다.

④ 등에 댄 손바닥을 다른 사람이 치면 아웃된다. 단, 손바닥 외에 손목, 팔 등을 치면 아웃에 해당하지 않는다.

⑤ 이 외에 아웃되는 경우는 다음과 같다.

> • 등에 댄 손의 위치를 바꾸거나 손이 등에서 떼어졌을 때
> • 바닥이나 벽에 기대어 등에 댄 손을 가릴 때
> • 등에 댄 손을 주먹 쥐거나 일부러 옷으로 가릴 때
> • 등에 댄 손을 다른 손으로 바꿀 때
> • 나머지 한 손으로 상대의 손바닥이 아닌 다른 곳을 잡거나 공격하였을 때

⑥ 교사의 시작 신호와 함께 시작한다.

⑦ 아웃된 학생은 수업 공간에 정해진 아웃 공간에 대기한다.

⑧ 최종 한 사람이 남을 때까지 진행 후 마무리한다.

⑨ 놀이 속 손의 다양한 역할에 대해 학생들과 나눈 후 마무리한다.

도움말
• 이 프로그램은 사람 관계를 '손'을 소재로 만나며, 관계 안에 다양한 손의 역할에 대해 생각해보는 것이다. 따라서 도입 활동은 놀이 속 관계에서 손이 긍정적 혹은 부정적 역할을 하는 것이면 어떤 것이든 가능하다. '얼음땡' 놀이를 예로 들

면 이 놀이에서 손은 누군가를 죽일 수도 있지만, 자신을 지키거나 다른 사람을 돕거나 살리는 역할을 한다.

- 교사는 심판 역할을 하여 약속을 잘 지키며 안전하게 활동할 수 있도록 돕는다.
- 놀이하는 과정에서 몇 명씩 편을 구성하지 않도록 한다.
- 최종 우승자를 가려낼 때 생각보다 오래 걸린다면 대결시간을 정해서 하거나 공동우승으로 마무리한다. 이때 다른 학생들이 특정한 누군가를 응원하지 않도록 주의한다.
- 수업 공간이 넓다면 활동 공간을 미리 정하고 시작한다.

전개 1 〉 시 퍼즐을 완성하자!

활동목표 손의 역할을 시로 만날 수 있다.

활동형태 모둠

준비물 활동지①(손의 문제), 가위

활동방법 ① 모둠을 나눈 후 모둠별로 활동지①(손의 문제)을 나눠준다.
② 교사는 학생들이 시의 내용을 상상할 수 있도록 시 제목 〈손의 문제〉를 소개한다.

> 손의 문제
>
> 에드워드 마이클 데이빗, 수프라노비츠
>
> 손은
> 두 사람을 묶을 수도 있지만
> 서로를 밀어낼 수도 있다.

손가락은
두 사람을 연결시키기도 하지만
접으면 주먹으로 변하기도 한다.

많은 사람들이
어색하게 두 손을 내린 채로 서서
서로를 붙잡지 못하고 있다.

지혜와 어리석음이 모두
손에 달려 있다.

③ 시 퍼즐을 완성한 모둠은 "손의 문제"라고 외친다.
④ 외친 모둠이 시를 발표하면 나머지 모둠은 활동을 멈추고 듣는다.
⑤ 교사는 모둠 발표 후 "성공" 혹은 "실패"를 외쳐 결과를 알린다.
⑥ 시 퍼즐이 완성될 때까지 진행한다.
⑦ 시가 완성되면 모두 함께 읽는다.
⑧ 시에서 표현된 손의 다양한 역할에 대해 학생들과 나눈 후 마무리한다.

도움말
• 시 퍼즐은 수업 대상에 따라 난이도를 조정하여 행이나 연으로 오려 사용하도록 한다.
• 퍼즐을 완성하는 과정이 서로 예민할 수 있으니 모둠별 공간을 나눠서 진행한다.

응용
• 수업 시간에 따라 일정한 시간 내 완성하는 것으로 진행한다.
• 수업 대상에 따라 시 퍼즐 완성을 어려워하면 모둠 발표 후 알맞게 완성된 행을 힌트로 알려준다. 또는 교사가 활동지①을 몇 초 동안 보여주는 힌트를 줄 수 있다.
• 퍼즐이 아닌 모둠별로 시를 읽고, 시의 상황을 몸짓으로 표현하는 활동으로 진행할 수 있다. 발표할 땐 한 사람이 시를 읽고, 나머지 모둠원이 그에 맞는 몸짓

표현을 한다. 상황에 따라 선택적으로 대사를 넣을 수 있다. 이를 통해 학생들은 시를 깊이 이해할 수 있으며, 교사는 학생들의 시 이해 정도를 파악할 수 있다.

- 수업 대상에 따라 부록①(시를 완성하자!)를 활용한 괄호 채우기로 시를 완성할 수 있다. 또는 〈손의 문제〉 시를 읽고, 부록②(새롭게 완성하는 시)에 손의 역할을 생각하여 시를 새롭게 창작할 수 있다. 창작할 때 〈손의 문제〉 형식처럼, 손의 긍정과 부정 기능을 대조적으로 작성하도록 한다.

전개 2 ♬ 손에 손잡고 ♬

활동목표 관계 속 다양한 갈등의 해결방법을 손에서 찾아 연극을 만들 수 있다.

활동형태 모둠

준비물 활동지①(손의 문제)

활동방법 ① 교사는 학생들과 시에서 표현된 갈등 상황을 일상 속 상황과 연결하여 나눈다.
② 모둠별로 시에서 나온 갈등의 구체적인 원인과 상황을 다양하게 나눈다.
③ 그중 시의 한 행이나 연에서 상황을 선택한 후 갈등 해결방법을 손에서 찾는다.
　　예 토닥이며 위로하는 손, 용기 내어 사과하는 손, 힘차게 응원해 주는 손, 마음을 전하는 글을 쓰는 손 등
④ 갈등의 원인과 손에서 찾은 해결방법으로 연극을 만든다.
⑤ 모둠별로 선택한 행이나 연을 소개한 후 발표한다.
⑥ 모둠 발표 후 갈등의 원인과 이를 해결한 손의 방법에 대해 학생들과 함께 나눈다.
⑦ 모둠별로 연극을 돌아가면서 발표한 후 마무리한다.

- '손'은 기본적으로 행동을 포함하고 있으며, 그 행동엔 사람들의 다양한 감정과 욕구가 담기기 마련이다. 화가 난 사람들이 주먹을 쥐거나 무언가를 던지거나 누군가를 때리는 행동을 하는 것이 그 예이다. 따라서 이 프로그램에선 시를 통해 만난 갈등 상황을 손으로 해결할 구체적인 방법을 찾고, 함께 배우게 되는 좋은 기회가 될 것이다.
- 모둠에서 손의 긍정적 역할의 행을 선택했다면 그것을 갈등의 해결방법으로 활용하여 연극을 만든다.
- 시에서 표현된 손의 역할을 이중적으로 해석할 수 있다.
   예 묶다 : 제한하다, 모으거나 합하다 등

- 수업 대상에 따라 부록③(다양한 손 관용구)을 활용하여 관계와 상황으로 확장한 갈등 상황을 구체적으로 상상하여 연극을 만들 수 있다.
   예 손을 내밀다 : 무엇을 달라고 요구하거나 구걸하다.

정리 및 감상   활동 후 느낌 나누기

활동목표   활동 후 느낀 점을 손으로 다양하게 표현하고 감상할 수 있다.

활동형태   모둠

활동방법   ① 관계 속 갈등을 해결하는 손의 역할로 연극을 만들어 보니 어떠한가요?

            ② 모둠별로 활동 후 느낀 점을 나눈 후 이를 손으로 모양을 나타내거나 소리를 내거나 움직임 등으로 표현할 것을 정한다.

            ③ 발표 모둠이 발표하면 나머지 학생들과 어떤 느낀 점을 표현했는지 나눈다.

            ④ 발표 모둠이 표현한 느낌을 함께 듣는다.

            ⑤ 모둠별로 손으로 느낀 점을 돌아가면서 발표한 후 마무리한다.

선택 놀이 ▷ 손바닥 뒤집기 놀이

활동목표   놀이 속 손의 역할을 생각할 수 있다.

활동형태   2인 1조

활동방법   ① 2명씩 짝은 지은 후 가위바위보를 한다.

                ② 이긴 사람이 공격수, 진 사람은 수비수로 시작한다.

                ③ 두 사람이 마주 보고 앉아 양손을 바닥에 나란히 내려놓는다.

                ④ 공격수의 손바닥 뒤집기 방향이나 동작을 수비수도 똑같이 해야 수비에 성공한다.

                ⑤ 손바닥 뒤집기는 4가지가 있다.

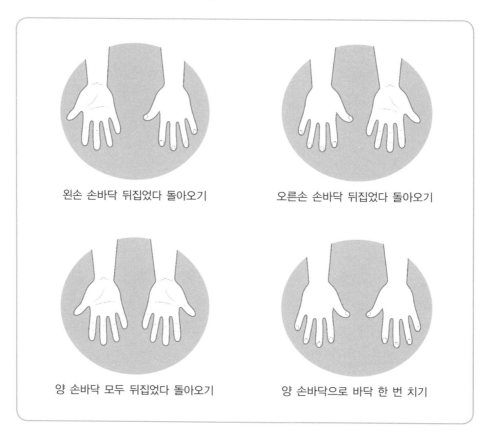

왼손 손바닥 뒤집었다 돌아오기   오른손 손바닥 뒤집었다 돌아오기

양 손바닥 모두 뒤집었다 돌아오기   양 손바닥으로 바닥 한 번 치기

                ⑥ 수비수가 수비에 실패하면 공격수가 수비수의 틀린 손등을 때린다. 한 손 공격의 경우엔 수비수의 틀린 한 손등을, 두 손 공격의 경우엔 수비수의 두

손등을 때린다.

⑦ 수비수가 수비에 성공하면 공격수가 되어 공격한다.

⑧ 몇 차례 놀이 진행 후 마무리한다.

도움말

- 교사가 이해를 돕기 위해 학생과 느린 버전으로 놀이의 시범을 보이면 좋다.
- 한쪽 손바닥 뒤집기를 할 때 수비수는 공격수와 마주 본 상황이니 공격수의 반대 쪽 손을 뒤집어야 한다고 생각하면 이해가 쉽다.
- 공격수가 공격을 너무 빠르게 하거나 세게 때리지 않도록 주의한다.
- 전해오는 놀이는 지역별로 놀이 방법의 차이가 있으니 학생들의 의견을 반영하여 진행한다.

응용

- 수업 대상에 따라 틀린 손등을 때리는 횟수를 공격에 따라 조절하거나 손바닥 뒤집기 공격을 학생들과 새롭게 만들어 점차 추가하며 진행할 수 있다.
- 손을 활용한 선택 놀이로 제로 게임, 쌀보리, 감자에 싹이 나서 등이 있다.

손의 문제

– 에드워드 마이클 데이빗, 수프라노비츠 –

손은
두 사람을 묶을 수도 있지만
서로를 밀어낼 수도 있다.

손가락은
두 사람을 연결시키기도 하지만
접으면 주먹으로 변하기도 한다.

많은 사람들이
어색하게 두 손을 내린 채로 서서
서로를 붙잡지 못하고 있다.

지혜와 어리석음이 모두
손에 달려 있다.

손의 문제

– 에드워드 마이클 데이빗, 수프라노비츠 –

손은

두 사람을 (　　　　　　　　)

서로를 (　　　　　　　　)

손가락은

두 사람을 (　　　　　　　　)

접으면 (　　　　　　　　)

많은 사람들이

어색하게 두 손을 (　　　　　　　　)

서로를 (　　　　　　　　)

(　　　　)와 (　　　　)이 모두

손에 달려 있다.

손의 문제

– 에드워드 마이클 데이빗, 수프라노비츠 –

손은

손가락은

많은 사람들이

손에 달려 있다.

다양한 손 관용구

손(을) 떼다. 뜻 : 하던 일을 그만두다.	손(을) 맺다. 뜻 : 하던 동작을 잠깐 그만두다.
손(을) 나누다. 뜻 : 서로 헤어지다.	손(을) 내밀다. 뜻 : 무엇을 달라고 요구하거나 구걸하다.
손(을) 뻗다. 뜻 : 의도적으로 남에게 어떤 영향을 미치게 하다.	손에 땀을 쥐다. 뜻 : 아슬아슬하여 마음이 조마조마하도록 몹시 애달다.
손을 끊다. 뜻 : 교제나 거래 따위를 중단하다.	손(을) 빼다. 뜻 : 하고 있던 일에서 빠져나오다.
손을 씻다. 뜻 : 부정적인 일이나 찜찜한 일에 대하 여 관계를 청산하다.	손(이) 저리다. 뜻 : 뜻밖의 상황에 놀라거나 다급해지다.

16. 퍼즐 조각의 새로운 만남

활용 놀이   퍼즐

수업목표   퍼즐 조각을 새롭게 창조하여 다양한 방법으로 연극을 만들 수 있다.

준비물   활동지①(조각조각 퍼즐 만들기), 활동지②(이 조각은 무엇일까요?), 활동지③(조각의 새로운 탄생), 채색도구, 가위, 풀, 음악

부록   부록①(퍼즐을 완성해라!), 부록②(다양한 방법으로 연극 만들기)

교육과정   도입   조각조각 퍼즐
(목표: 다양한 조각의 퍼즐을 할 수 있다.)

전개 1   조각의 새로운 탄생
(목표: 퍼즐 조각을 새롭게 창조할 수 있다.)

전개 2   살아 움직이는 조각
(목표: 조각 작품을 소재로 활용하여 연극을 만들 수 있다.)

정리 및 감상   활동 후 느낌 나누기

(목표: 조각 작품으로 활동 후 느낀 점을 표현하고 감상할 수 있다.)

평가

평가 내용	평가 수준			평가 방법
	상	중	하	
퍼즐 조각을 새롭게 창조하여 다양한 방법으로 연극을 만들 수 있는가?				관찰법 실기법

도입 조각조각 퍼즐

활동목표 다양한 조각의 퍼즐을 할 수 있다.

활동형태 전체

준비물 활동지①(조각조각 퍼즐 만들기), 채색도구, 가위

활동방법 ① 각자 활동지①(조각조각 퍼즐 만들기)에 7조각의 다양한 퍼즐을 비밀리에 그린다.
② 퍼즐 도안이 완성되면 가위로 오린다.
③ 각자 만든 퍼즐을 비밀리에 맞춰본다.
④ 2명씩 짝을 지은 후 각자 만든 퍼즐을 바꾸어 맞춘다.
⑤ 정해진 시간에 다른 짝을 만나 다양한 퍼즐을 맞춰본 후 마무리한다.

도움말
• 수업 대상에 따라 퍼즐 조각의 수는 조정한다.
• 퍼즐을 맞추는 속도는 모두 다를 수 있으니 교사가 학생들의 진행 상황을 보며 짝을 지어 준다.

응용
• 수업 대상에 따라 활동지①에 간단한 그림을 그려 그림 퍼즐을 만들면 그림이 단서가 되어 손쉽게 퍼즐을 맞출 수 있다.
• 활동지①이 아닌 색종이, 색 도화지 등을 활용할 수 있다.
• 부록①(퍼즐을 완성해라!)을 활용하여 공통의 퍼즐을 완성하게 한다. 공통의 퍼즐로 하면 전개 활동에서 같은 퍼즐 조각의 다양한 변신을 볼 수 있다. 부록①은 조각 퍼즐과 그림 퍼즐 두 가지 형태이니 수업 대상에게 맞게 선택하여 활용한다. 그림 퍼즐의 경우 수업 대상에게 맞는 퍼즐 조각 수를 정한 후 자유롭게 그린 후 오려서 활용한다.
• 퍼즐을 직접 만들지 않고, 인터넷에 '퍼즐 도안', '칠교놀이 도안' 등으로 검색하여 찾은 다양한 도안을 활용해도 좋다.
• 수업 대상이나 인원에 따라 2명 이상 혹은 모둠으로 구성하여 진행한다.

• 책상에서 진행한다면 각자 만든 퍼즐 조각을 책상에 놓고 자리이동을 하면서 퍼즐 조각 맞추기를 진행한다.

전개 1 조각의 새로운 탄생

활동목표 퍼즐 조각을 새롭게 창조할 수 있다.

활동형태 전체

준비물 활동지①(조각조각 퍼즐 만들기), 활동지②(이 조각은 무엇일까요?), 활동지③(조각의 새로운 탄생), 풀, 채색도구, 음악

활동방법 ① 교사는 활동지②(이 조각은 무엇일까요?)를 반으로 접어 퍼즐 조각만 공개한다. 퍼즐 조각을 다양하게 보며 연상되는 것을 학생들과 함께 나눈 후 활동지②를 펼쳐 무엇인지 공개한다.

건물 기둥
나무
받침대
로봇 발
커텐
거인의 다리

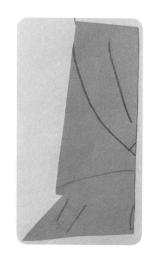

② 각자 활동지①의 퍼즐 조각을 인물, 동물, 사물, 자연, 장소, 식물, 글자 등으로 다양하게 상상하여 조각 작품으로 새롭게 만든다.

③ 조각 작품을 만들 땐 모든 퍼즐 조각을 사용하지 않아도 되며, 퍼즐 조각은 양면을 사용할 수 있다. 방향 또한 자유롭게 사용한다.

④ 이 중 가장 마음에 드는 것을 활동지②(조각의 새로운 탄생)에 붙이고, 조각에

그림을 덧그리거나 말풍선을 넣어 조각 작품을 완성한다.

⑤ 각자 사용하고 남은 퍼즐 조각은 한곳에 모아 필요한 학생이 사용한다.

⑥ 완성된 조각 작품에 구체적인 제목을 짓는다.

⑦ 원으로 둘러앉은 후 자신의 자리에 완성된 조각 작품을 놓는다.

⑧ 원의 시작 방향을 정한 후 돌아가면서 서로의 완성된 조각 작품을 감상한다.

⑨ 감상 후 궁금한 점이나 인상적인 부분들이 있다면 함께 나눈 후 마무리한다.

도움말

• 작품의 배열에 따라 활동지②는 가로 방향으로 사용할 수 있다.

• 퍼즐 조각은 부분적으로 겹쳐서 배열할 수 있다.

• 원으로 돌아가며 조각 작품을 감상할 때 적절한 음악을 활용하여 감상 분위기를 조성한다.

응용

• 꾸미기 재료를 스티커, 색종이, 털실, 마스킹테이프 등 다양하게 준비하면 작품을 더 입체적으로 표현할 수 있다. 이를 위해 꾸미기에 충분한 종이 크기를 써도 좋다. 조각 작품 완성 후 종이 테두리를 마스킹테이프로 두르면 액자 효과가 나서 제법 작품처럼 보인다.

• 수업 인원 및 시간에 따라 모둠별로 가지고 있는 퍼즐 조각을 활용하여 이야기가 있는 협동화를 만든다.

• 수업 공간에서 완성한 조각 작품과 어울리는 느낌이나 형태 등을 찾아 전시하면

더욱 입체적인 감상 및 소개가 되어 좋다.

- 일상에서 손쉽게 만날 수 있는 다양한 조각은 바로 과자다. 미술 활동으로 많이 진행되는 다양한 과자로 그림 그리기를 본 프로그램에 적용하면, 일상의 과자가 미술작품으로, 과자로 만든 미술작품이 연극으로 확장되어 일상을 새롭게 만나는 경험이 될 것이다. 이를 위해 도입 활동을 2명씩 짝이 되어 꼬깔콘을 손가락에 끼운 후 가위바위보를 하여 이긴 사람이 하나씩 먹기를 하거나 과자 따먹기 등을 한다.

- 조각 작품을 완성하고 남은 퍼즐 조각을 모아두면 다양한 형태의 퍼즐 조각이 모이게 된다. 이를 활용하여 조각과 관련된 또 다른 프로그램이 가능하다. 제비뽑기로 퍼즐 조각을 뽑은 후, 그 조각에서 상상한 것을 조각 작품으로 만든다. 만든 조각 작품으로 이후 연극 만들기를 진행하면 된다.

전개 2 ⟩ 살아 움직이는 조각

활동목표   조각 작품을 소재로 활용하여 연극을 만들 수 있다.

활동형태   모둠

준비물   활동지③(조각의 새로운 탄생)

활동방법   ① 교사는 조각 작품을 활용해서 연극을 만들 수 있는 다양한 방법을 학생들과 나눈다.

        예 조각 작품을 소재(인물, 장소, 사건)로 몇 가지를 선택한 후 갈등 넣어 연극 만들기, 조각 작품을 이어 만든 이야기로 연극 만들기, 한 가지 조각 작품을 선택한 후 구체적으로 상상하여 연극 만들기, 공통점이 있는 조각 작품끼리 만나 연극 만들기 등

    ② 모둠을 나눈 후 모둠별 조각 작품을 소재로 다양한 방법으로 이야기를 나눈다.

    ③ 그중 이야기를 만들 방법과 조각 작품을 선택한다.

    ④ 선택한 방법과 조각 작품으로 다양한 이야기를 만든다.

⑤ 그중 한 가지의 이야기를 선택하여 연극을 만든다.

⑥ 이야기에 따라 조각 작품 자체를 활용하거나, 조각 작품이 되거나, 수업 공간에서 대체할 것을 찾는다.

⑦ 발표 모둠은 선택한 조각 작품을 소개한 후 연극을 발표한다.

⑧ 모둠별로 연극을 돌아가면서 발표한 후 마무리한다.

도움말
• 퍼즐 조각을 어떻게 활용하는지에 따라 다양한 모양의 조각 작품으로 변신했듯이, 연극 만들기도 매시간 꼭 같은 방법일 필요는 없다. 교사가 다양한 방법으로 연극 만들기를 제시할 수도 있지만, 학생들이 원하는 방법으로 다양하게 만들어 보는 것도 좋은 방법이다. 혹은 부록②(다양한 방법으로 연극 만들기)를 활용하여 모둠별로 제비뽑기를 하여 진행할 수 있다.

정리 및 감상 활동 후 느낌 나누기

활동목표 조각 작품으로 활동 후 느낀 점을 표현하고 감상할 수 있다.

활동형태 모둠(2)

준비물 활동지③(조각의 새로운 탄생)

활동방법 ① 퍼즐 조각으로 새롭게 창조한 것을 활용하여 다양한 방법으로 연극을 만들어 보니 어떠한가요?

② 두 모둠으로 나눈 후 원으로 둘러앉는다.

③ 모둠별 원 안에 모둠원의 조각 작품을 펼쳐놓는다.

④ 모둠별로 돌아가면서 자신의 느낀 점을 조각 작품으로 빗대어 표현하고 감상한다.

도움말
• 조각 작품으로 느낀 점을 표현할 때 조각 작품의 전체나 일부의 형태가 될 수도 있으며, 분위기나 색감, 말풍선 속 대사가 될 수도 있다.

활동지 ① 조각조각 퍼즐 만들기

이름 :

나만의 7조각 퍼즐을 그린 후 가위로 오려 퍼즐을 만드세요.

활동지 ②   이 조각은 무엇일까요?

이름 : _____

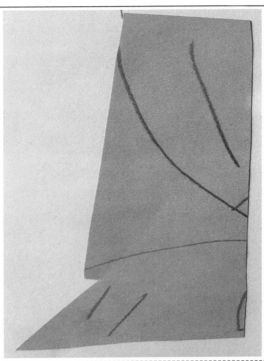

활동지 ③	조각의 새로운 탄생

이름 :

퍼즐 조각을 인물, 사물, 동물, 자연 등으로 다양하게 상상하여 새로운 조각 작품을 만들어 보세요.

제목 :

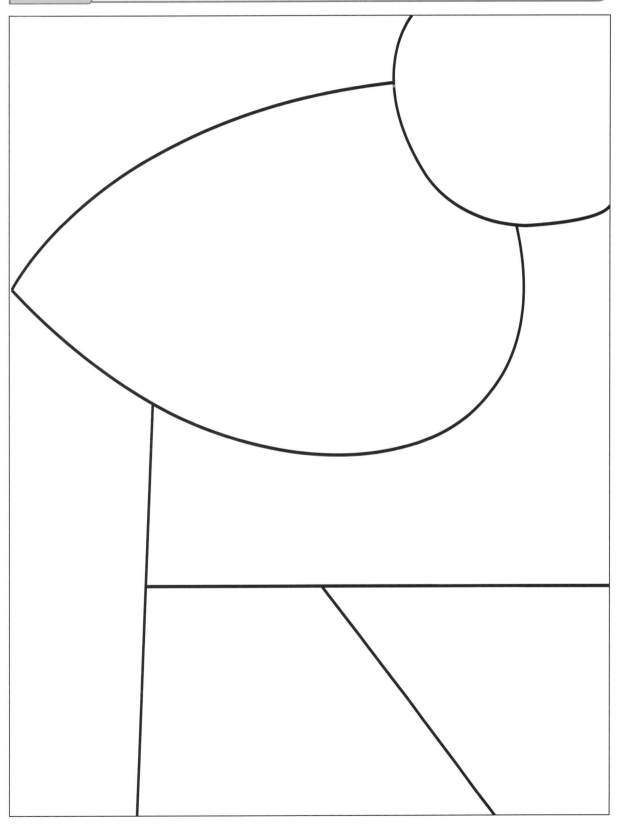

퍼즐을 완성해라!(조각 퍼즐)

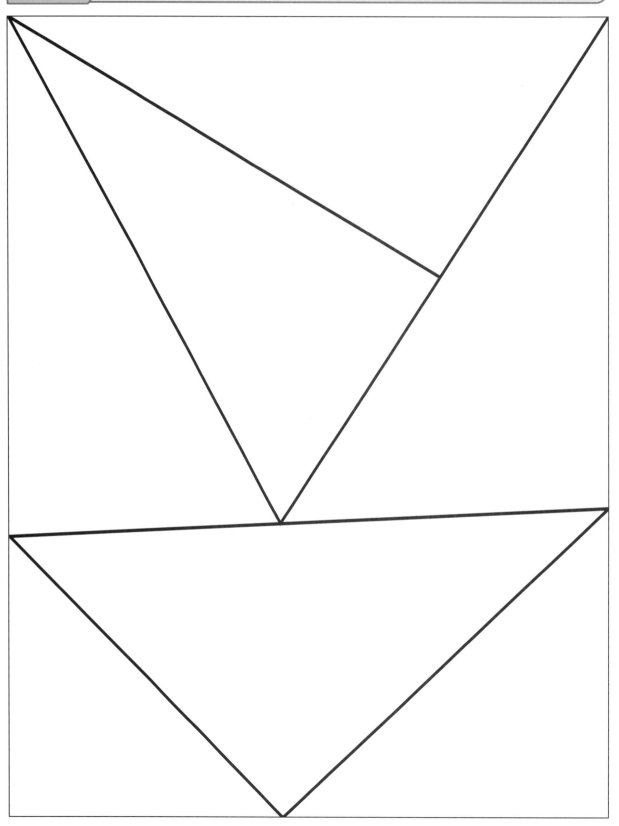

부록 ①   퍼즐을 완성해라!(그림 퍼즐)

| 부록 ② | 다양한 방법으로 연극 만들기 |

선택한 두 가지의
조각 작품에
갈등 넣어 연극 만들기

조각 작품 이어 만든
이야기로 연극 만들기

한 가지 조각 작품을
구체적으로 상상하여
연극 만들기

선택한 두 가지
조각 작품을
시작 장면과 끝 장면으로
연극 만들기

17. 관계 속 얼음땡?

활용 놀이 얼음땡

선택 놀이 소리 술래잡기(변형)

수업목표 갈등 관계와 다양한 해결방법을 찾아 연극을 만들 수 있다.

준비물 활동지①(다양한 갈등 관계를 찾아라!), 활동지②(다양한 갈등 상황을 찾아라!), 필기도구

부록 부록①(다양한 갈등 관계)

교육과정 도입 얼음땡

(목표: 놀이로 갈등 관계를 경험할 수 있다.)

전개 1 다양한 갈등 관계를 찾아라!

(목표: 다양한 갈등 관계를 찾을 수 있다.)

전개 2 갈등 관계를 풀어라!

(목표: 관계 속 갈등의 해결방법을 찾아 연극을 만들 수 있다.)

정리 및 감상 활동 후 느낌 나누기

(목표: 다양한 인물로 활동 후 느낀 점을 표현하고 감상할 수 있다.)

평가

평가 내용	평가 수준			평가 방법
	상	중	하	
갈등 관계와 다양한 해결방법을 찾아 연극을 만들 수 있는가?				관찰법 실기법

도입 얼음땡

활동목표 놀이로 갈등 관계를 경험할 수 있다.

활동형태 전체

활동방법 ① 술래를 한 명 정한다.

② 술래는 도망가는 사람을 잡고, 나머지 사람들은 술래에게 잡히지 않으려 도망간다.

③ 도망가는 사람은 술래에게 붙잡힐 것 같으면 "얼음"이라고 외치며 그 자리에 멈춰선다.

④ "얼음"을 외친 사람은 술래가 잡을 수 없다.

⑤ '얼음'인 사람은 다른 사람이 손으로 치며 "땡"이라고 외치면 얼음이 풀려 다시 도망다닐 수 있다.

⑥ 술래에게 손으로 잡히면, 잡힌 사람이 새로운 술래가 되어 놀이를 다시 진행한다.

⑦ 술래에게 도망 다니다 모두가 "얼음"을 외친 상황이라면, 술래의 승리다. 나머지 사람들끼리 가위바위보를 하여 새로운 술래를 정한다.

⑧ 한 차례 놀이 후 교사는 놀이 상황처럼, 서로의 입장이 달라 쫓고 쫓기는 갈등 관계가 어떤 관계들이 있는지 학생들과 함께 나눈다.

　📋 경찰과 도둑, 엄마와 아들, 사냥꾼과 사슴 등

⑨ 갈등 관계를 한 가지 정한 후 갈등 상황과 술래 역할을 정한다.

⑩ 역할별 시작 대사를 정하고, 관계 얼음땡을 시작한다.

　📋 갈등 상황 : 유명한 은행털이범을 잡으려는 경찰

　　경찰(술래) – "거기 서!", "넌 오늘 내가 꼭 잡는다!" 등

　　도둑 – "도망가자!", "나 잡아봐라!" 등

⑪ 술래가 새롭게 바뀔 때마다 시작 대사를 새롭게 정하여 시작한다.

⑫ 도망가는 사람은 술래 역할의 대사에 따라 즉흥적으로 반응하며 도망간다.

⑬ 2-3개의 관계 얼음땡을 진행한 후 마무리한다.

- 얼음땡은 술래잡기 놀이의 기본 형태 중 하나다. 술래잡기에는 서로의 입장이 다른 두 가지 역할이 쫓고 쫓기는, 도망가고 잡히는 등 갈등 상황이 존재한다. 이를 일상의 갈등 상황으로 확장하여 프로그램을 구성하였다.
- 프로그램을 진행할 때 도입 활동 놀이의 첫 술래는 교사가 하는 것이 좋다. 교사가 잡은 학생을 다음 술래로 하면, 술래를 하고자 하는 학생들의 갈등을 줄일 수 있으며, 활동에 대한 전반적인 이해도 도울 수 있다.
- 수업 공간이 넓다면, 미리 활동 공간을 정한 후 시작한다.
- 술래가 시작할 때마다 "내가(혹은 이름) 술래다!" 등을 외쳐 놀이의 시작과 술래를 알린다.
- "얼음"이라고 외칠 때 양손을 교차로 양어깨 위에 놓는 등 공통된 행동을 통해 '얼음'과 얼음 상황임을 서로가 잘 알 수 있도록 한다.
- 수업 시간이 충분하다면, 한 가지의 갈등 관계를 여러 번 한다. 같은 관계와 역할이더라도 사람에 따라 표현이 다르기 때문이다.

응용

- 술래잡기 형태의 놀이라면, 도입 활동으로 어떤 것이든 가능하다.
  예 숨바꼭질, 수건돌리기, 여우야 여우야 뭐하니, 경찰과 도둑 등
- 수업 대상에 따라 관계 얼음땡에서 '얼음'과 '땡'도 역할과 상황에 맞는 대사로 바꿀 수 있다. '얼음'의 경우 '살려줘', '땡'의 경우 '살았다' 등으로 말이다.

전개 1 ▸ 다양한 갈등 관계를 찾아라!

활동목표 다양한 갈등 관계를 찾을 수 있다.

활동형태 모둠

준비물 활동지①(다양한 갈등 관계를 찾아라!), 필기도구

활동방법　① 교사는 관계 얼음땡처럼, 서로의 입장이 달라 생기는 다양한 갈등 관계를 찾을 것이라 안내한다. 갈등 관계는 놀이 상황처럼 경찰이 도둑을 쫓는 실제 상황에서 찾을 수 있고, 범인의 자백을 받기 위한 경찰의 조사과정 속 심리전처럼 눈에 보이지 않는 쫓고, 쫓기는 상황도 가능함을 설명한다.

② 모둠을 나눈 후 활동지①(다양한 갈등 관계를 찾아라!)에 먼저 다양한 갈등 관계를 찾아 작성한다. 갈등 관계는 사람, 동물, 자연 등 모두 가능하다.

　　예 고양이와 쥐, 부모와 자식, 범인과 경찰, 친구와 친구, 양반과 하인, 주인과 애완동물, 손님과 직원, 형제(자매), 운동경기 선수들, 오디션 경쟁자, 피해자와 가해자, 선생님과 학생 등

③ 발표 모둠이 찾은 다양한 갈등 관계를 발표한다.

④ 나머지 모둠은 중복된 것을 제외하고 발표한다.

⑤ 돌아가면서 모둠별로 찾은 다양한 갈등 관계를 발표한 후 마무리한다.

도움말 ▶

• 교사는 수업 대상의 이해와 확장을 위해 다양한 예로 설명한다.

응용 ▶

• 수업 시간에 따라 부록①(다양한 갈등 관계)를 활용하여 모둠별 제비뽑기나 자율적 선택으로 갈등 관계를 선택하도록 한다.

전개 2　갈등 관계를 풀어라!

활동목표　관계 속 갈등의 해결방법을 찾아 연극을 만들 수 있다.

활동형태　모둠

준비물　활동지②(다양한 갈등 상황을 찾아라!), 필기도구

활동방법　① 모둠별로 찾은 갈등 관계 중 한 가지를 선택한다.

② 선택한 갈등 관계에서 일어날 수 있는 다양한 갈등 상황을 활동지②(다양한 갈등 상황을 찾아라!)에 구체적으로 작성한다.

　　예 범인과 경찰 : 소매치기를 미행하는 경찰과 도망가는 범인, 교통사고 뺑소니범을 추격하는 경찰, 동물학대범을 조사하는 경찰과 몰래 증거를 없애는 범인, 장난 전화를 하는 학생과 이를 잡기 위해 조사하는 경찰 등

③ 그중 한 상황을 선택하여 갈등의 이유와 해결방법을 찾아 연극을 만든다.

④ 발표 모둠은 선택한 갈등 관계를 소개한 후 발표한다.

⑤ 모둠별로 연극을 발표한 후 마무리한다.

정리 및 감상　활동 후 느낌 나누기

활동목표　다양한 인물로 활동 후 느낀 점을 표현하고 감상할 수 있다.

활동형태　모둠

준비물　활동지①(다양한 갈등 관계를 찾아라!)

활동방법　① 갈등 관계와 다양한 해결방법을 찾아 연극을 만들어 보니 어떠한가요?

② 모둠별로 둘러앉아 활동지①에 있는 인물로 느낀 점을 빗대어 표현하고 감상한다.

　　예 "오늘 갈등을 해결해 나가는 과정이 꼭 '경찰' 같았어요" 등

도움말　• 활동지①에 느낀 점을 표현할 인물이 없다면, 새로운 인물을 찾아 자유롭게 발표하도록 한다.

선택 놀이	소리 술래잡기(변형)

활동목표   갈등 관계를 놀이를 통해 경험할 수 있다.

활동형태   전체

준비물   핸드벨(혹은 북)

활동방법   ① 술래를 한 명 정한다.

② 교사는 핸드벨로 움직일 걸음 수를 친다.

　　예 한 번 : 한 걸음, 두 번 : 두 걸음, 연속 : 치는 동안 계속

③ 핸드벨 소리가 멈추면, 교사는 "시작"을 외친다.

④ 동시에 그 걸음 수만큼 술래는 도망가는 사람을 잡기 위해, 나머지 사람들은 술래에게 잡히지 않으려 도망간다.

⑤ 술래는 걸음 수대로 이동할 때만 손으로 도망가는 사람을 잡을 수 있다. 이동이 끝난 후엔 손이 닿는 거리에 있어도 사람을 잡을 수 없다.

⑥ 술래에게 손으로 잡힌 사람이 새로운 술래가 다시 놀이를 진행한다.

⑦ 몇 차례 진행한 후 마무리한다.

도움말

• 소리 술래잡기는 달리기의 빠르기에 상관없이 할 수 있는 좋은 놀이이며, 동시에 좁은 공간이나 교실에서도 할 수 있는 장점이 있다.

• 수업 대상에 따라 교사가 핸드벨로 친 걸음 수만큼 움직이는 시범을 보이고, 학생들과 함께 연습한 후 진행하면 손쉽게 이해할 수 있다.

• 수업 공간이 넓다면, 활동 공간을 정한 후 시작한다.

• 수업 대상에 따라 새로운 술래와 시작할 때 술래와 나머지 사람들이 너무 가깝게 있다면, 적당한 걸음 수를 제안하여 이동 후 시작하는 것이 좋다.

• 걸음 수대로 이동할 때 도움닫기가 아닌 그 자리에서 뛰도록 한다.

• 놀이 약속을 어기고, 술래가 되고 싶어 일부러 가까이 오지 않도록 한다.

- 핸드벨이 아닌 북으로 하면 훨씬 긴장감 있는 분위기가 형성되어 좋다. 핸드벨이 없다면, 손뼉을 치거나 직접 걸음 수를 말로 할 수 있다.
- 소리 술래잡기를 술래의 이동 순서를 바꾸어 변형 놀이를 할 수 있다.
  핸드벨로 친 걸음 수대로 이동할 때 나머지 사람들의 먼저 걸음 수대로 이동하고, 나중에 술래가 이동한다. 이때 나머지 사람들은 위치 이동을 할 수 없고, 술래가 어느 방향으로 갈지, 얼마만큼 이동할지 모르기에 훨씬 더 흥미롭게 놀이를 할 수 있다.

활동지 ① ▷ 다양한 갈등 관계를 찾아라!

모둠 : _____

서로의 입장이 달라 갈등이 생기는 다양한 갈등 관계를 작성하세요.

활동지 ② **다양한 갈등 상황을 찾아라!**

모둠 : _____

선택한 갈등 관계에서 일어날 수 있는 다양한 갈등 상황을 구체적으로 작성하세요.

선택한 갈등 관계	

부록 ①	다양한 갈등 관계

선생님과 학생	부모와 자식
부부	친구와 친구
사장과 직원	주인과 애완동물
손님과 직원	경찰과 범인
형제(자매)	연예인과 기자

18. 우리는 갈등 해결사

활용 놀이 손님 모셔오기(변형)

수업목표 갈등 관계의 다양한 해결방법으로 연극을 만들 수 있다.

준비물 활동지①(다양한 관계를 찾아라!), 활동지②(갈등 해결방법을 찾아라!), 필기도구, 의자

부록 부록①(다양한 역할), 부록②(다양한 관계), 부록③(갈등 관계를 찾아라!), 부록 ④(갈등의 운명)

교육과정

도입 **손님 모셔오기**
(목표: 놀이로 다양한 역할과 관계를 표현할 수 있다.)

전개 1 **다양한 관계를 찾아라!**
(목표: 다양한 관계를 찾을 수 있다.)

전개 2 **갈등 해결의 기술**
(목표: 다양한 갈등 해결방법으로 연극을 만들 수 있다.)

정리 및 감상 **활동 후 느낌 나누기**

(목표: 다양한 관계로 활동 후 느낀 점을 표현하고 감상할 수 있다.)

평가

평가 내용	평가 수준			평가 방법
	상	중	하	
갈등 관계의 다양한 해결방법으로 연극을 만들 수 있는가?				관찰법 실기법

도입 손님 모셔오기(변형)

활동목표   놀이로 다양한 역할과 관계를 표현할 수 있다.

활동형태   전체

준비물   의자

활동방법   ① 한 자리를 빈자리로 만든 후 원으로 모두 둘러앉는다.

② 빈자리는 손님의 자리다. 빈자리의 양옆의 학생들은 학생 중 한 명을 손님으로 모셔와 빈자리에 앉혀야 한다.

③ 단, 나머지 학생들이 〈학교 종이 땡땡땡〉 1절을 부르는 동안 손님과 함께 자리에 앉아야 성공이다.

④ 선택받은 손님은 거부권이 없으며, 한 번 선택받은 손님을 연속으로 선택할 수 없다.

⑤ 손님을 모셔와 또다시 빈자리가 생긴 양옆의 학생들이 새롭게 손님을 모셔오는 활동을 몇 차례 진행한다.

⑥ 활동형태를 익힌 후 '역할 손님 모셔오기'를 한다.

⑦ 나머지 학생들이 〈학교 종이 땡땡땡〉을 부르는 동안 빈자리의 양옆의 학생들이 모셔갈 손님 앞에 선다.

⑧ 교사가 세 명이 함께 표현할 역할을 제시하면, 그 역할을 표현하면서 자리로 돌아가 앉는다.

예 90세 할머니 : 지팡이를 짚고 느릿느릿 걸어가는 모습

⑨ 이때 역할에 따른 대사를 할 수 있다.

⑩ 다양한 역할을 진행한 후 '관계 손님 모셔오기'를 한다.

⑪ 같은 형태로 교사가 세 명의 관계와 역할을 정해주면, 그 역할을 표현하면서 자리로 돌아가 앉는다.

예 아이와 엄마, 도둑과 경찰, 삼각관계, 연예인과 경호원, 모델과 사진작가 등

⑫ 다양한 관계를 진행한 후 마무리한다.

- <관계 속 얼음땡?> 프로그램은 놀이 속 쫓고 쫓기는 갈등 상황을 갈등 관계로 풀어냈다면, 이 프로그램은 연극놀이인 <손님 모셔오기>를 '손님'이 과연 누구인지 손님을 '역할'로, '관계'로 단계적으로 확장하여 개발한 것이다. <역할 손님 모셔오기>의 경우엔 한 역할을 세 명이 함께 하기에 표현에 대한 부담감이 적고, 한 역할의 다양한 모습을 볼 수 있는 장점이 있다. <관계 손님 모셔오기>는 제시한 관계와 역할에 따른 즉흥적 상황을 볼 수 있어 흥미롭다. 수업 대상에 따라 역할과 관계를 동시에 진행할 수 있다.

- 자리를 바꾸어 계속 앉는 형태이기에 의자를 활용하는 것이 가장 좋다.

- 수업 대상에 따라 가능하다면, 손님을 모셔올 때 학생들이 손을 잡고 진행한다. 두 명이 한 명의 손님을 선택하는 것은 생각보다 그리 쉽지 않다. 따라서 흩어져 다니기보단 함께 다니면서 선택할 수 있도록 손을 잡는 것이 좋다.

- 한 번 선택한 손님을 중간에 변경하지 않도록 한다.

- 함께 부를 노래는 학생들과 상의해서 다른 노래로 변경해도 좋다. 단, 짧은 노래를 선택한다. 시간 안에 손님을 모셔오는 것보다 이후 역할과 관계의 표현이 더 중요한 활동이기 때문이다.

- 즉흥적으로 다양한 역할 및 관계 제시가 어렵다면, 부록①(다양한 역할)과 부록②(다양한 관계)를 활용한다. 교사가 부록을 보면서 즉흥적으로 제시하거나 제비뽑기 형태로 진행한다. 혹은 학생들이 제비뽑기하거나 새롭게 제시하는 역할과 관계도 할 수 있다.

전개 1 ▸ 다양한 관계를 찾아라!

활동목표 다양한 관계를 찾을 수 있다.

활동형태 모둠

준비물 활동지①(다양한 관계를 찾아라!), 필기도구

활동방법
① 교사는 손님 모셔오기에서 표현한 다양한 역할과 관계를 학생들과 함께 나눈 후 모둠별로 다양한 관계를 찾을 것을 안내한다.
② 모둠을 나눈 후 활동지①(다양한 관계를 찾아라!)을 나눠준다.
③ 모둠별로 다양한 관계를 정해진 시간 동안 최대한 많이 찾아 작성한다.
   예 직원과 손님, 선생님과 학생, 형제(자매), 미용사와 손님, 의사와 환자, 할아버지와 할머니, 사장과 직원, 택배기사와 손님, 배우와 관객, 어른과 아이, 연예인과 매니저, 경찰과 도둑, 주인과 애완동물 등
④ 발표 모둠이 찾은 다양한 관계를 발표한다.
⑤ 나머지 모둠은 중복된 것을 제외하고 발표한다.
⑥ 돌아가면서 모둠별로 찾은 다양한 관계를 발표한 후 마무리한다.

> **도움말**
> • 손님 모셔오기에서 표현한 역할과 관계도 적을 수 있다.
> • 수업 대상에 따라 관계를 좀 더 구체적으로 찾을 수 있도록 안내한다. 예를 들어 '사장과 직원'의 관계를 구체적인 직업에 따라서 쓴다면, 훨씬 더 많은 관계와 상황을 찾을 수 있다.
> • 찾아낸 역할이 만날 수 있는 다양한 역할을 찾도록 하면 좀 더 쉽게 다양한 관계를 찾을 수 있다.

> **응용**
> • 수업 대상에 따라 부록③(갈등 관계를 찾아라!)을 활용하여 문장완성검사처럼 적혀진 인물과 갈등 관계인 사람을 찾도록 하면 손쉽게 다양한 갈등 관계를 찾을 수 있다.

• 수업 시간에 따라 부록②를 활용한 제비뽑기를 한 후 다음 활동을 진행한다. 혹은 부록④(갈등의 운명)를 활용하여 다양한 역할을 쓴 후 사다리 타기를 통해 만난 역할을 갈등 관계로 설정한다. 이 경우 생각지 못한 역할끼리 벌어질 수 있는 다양한 갈등 상황을 생각해 볼 수 있어 좋다.

전개 2 갈등 해결의 기술

활동목표 다양한 갈등 해결방법으로 연극을 만들 수 있다.

활동형태 모둠

준비물 활동지①(다양한 관계를 찾아라!), 활동지②(갈등 해결방법을 찾아라!)

활동방법 ① 모둠별로 다양한 관계의 갈등 이유와 해결방법을 나눈다.

② 그중 한 관계와 갈등 이유를 선택한 후 활동지②(갈등 해결방법을 찾아라!)에 다양한 해결방법 찾아 적는다.

③ 모둠별로 선택한 갈등 해결방법을 넣어 연극을 만든다.

④ 발표 모둠은 선택한 갈등 관계를 소개한 후 연극을 발표한다.

⑤ 발표 모둠의 연극을 본 후 학생들과 갈등을 해결할 다양한 방법에 대해 나눈다.

⑥ 발표 모둠은 활동지②에 찾았던 방법 중 나오지 않은 갈등 해결방법이 있다면 발표한다.

⑦ 모둠별로 연극을 발표한 후 마무리한다.

도움말

• 교육현장에서 만난 수업 대상은 갈등은 손쉽게 잘 찾아내지만, 갈등 해결방법을 구체적으로 찾기 어려워한다. 따라서 갈등을 해결할 구체적인 방법을 다양하게 생각할 수 있도록 잘 안내한다. 더불어 갈등이 누군가의 도움이나 우연으로 해결하기보단 스스로 갈등을 해결할 수 있는 다양한 방법을 찾도록 한다.

활동목표   다양한 관계로 활동 후 느낀 점을 표현하고 감상할 수 있다.

활동형태   모둠

준비물   활동지①(다양한 관계를 찾아라!)

활동방법   ① 갈등 관계의 다양한 해결방법으로 연극을 만들어 보니 어떠한가요?

② 모둠별로 둘러앉은 후 활동지①에 있는 다양한 관계로 느낀 점을 빗대어 표현하고, 감상한다.

예 "오늘 '의사와 환자'처럼 갈등 관계에서 서로에게 필요한 것을 잘 해결해 준 것 같아요" 등

활동지 ① 다양한 관계를 찾아라!

모둠 :

일상 속 다양한 관계를 찾아 작성하세요.

| 활동지 ② | 갈등 해결방법을 찾아라! |

모둠 : _____

관계와 갈등의 이유를 선택한 후 갈등을 해결할 다양한 방법을 찾아 작성하세요.

갈등 관계	
갈등 이유	
해결방법	

엄마	아이
선생님	의사
가수	모델
도둑	경호원
유튜버	아나운서
사장	대통령
할머니	사진작가

엄마와 아이	친구와 친구
선생님과 학생	의사와 환자
가수와 팬	모델과 사진작가
도둑과 경찰	경호원과 연예인
유튜버와 안티	피해자와 가해자
사장과 직원	대통령과 국민
할머니와 할아버지	손님과 직원

부록 ③	갈등 관계를 찾아라!

모둠 :

제시한 역할과 갈등 관계가 될 수 있는 다양한 역할을 찾아 작성하세요.

엄마	
의사	
사장	
친구	
손님	
연예인	
학생	
선생님	
경호원	
경찰	

부록 ④   갈등의 운명

빈 칸에 역할을 적은 후 모둠별로 사다리타기를 하여 갈등 관계를 정하세요.

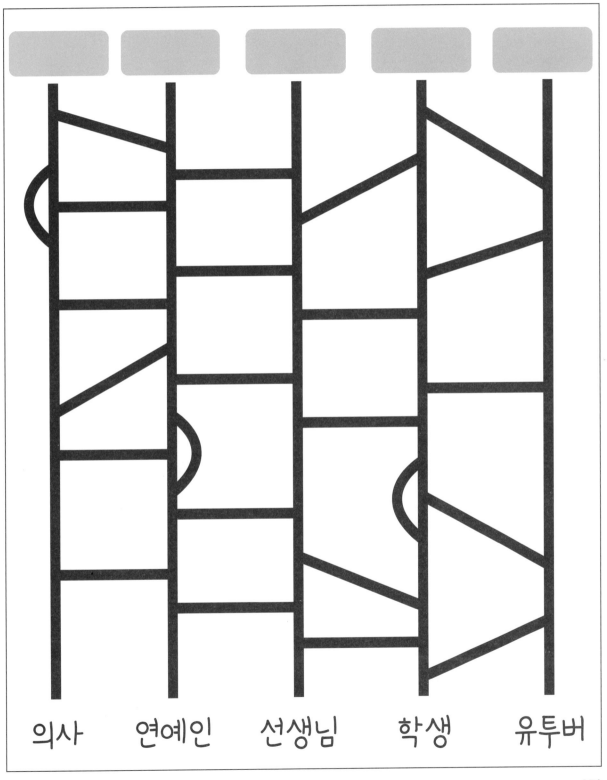

의사   연예인   선생님   학생   유튜버

19. 만약 ~라면?

활용 놀이 대장을 찾아라!

선택 놀이 거울 놀이

수업목표 분신술을 사용하는 다양한 상황을 상상하여 연극을 만들 수 있다.

준비물 활동지①(만약 분신이 있다면?), 필기도구

부록 부록①(다양한 초능력)

교육과정 도입 대장을 찾아라!

　　　　　　　(목표: 놀이 속 역할을 통해 분신을 경험할 수 있다.)

　　　　전개 1 만약 분신이 있다면?

　　　　　　　(목표: 분신을 사용하고 싶은 다양한 상황을 찾을 수 있다.)

　　　　전개 2 나와라! 분신술!

　　　　　　　(목표: 분신술을 사용하는 상황으로 연극을 만들 수 있다.)

　　　　정리 및 감상 활동 후 느낌 나누기

　　　　　　　(목표: 공통점이 있는 사람과 느낀 점을 나누고 감상할 수 있다.)

평가

평가 내용	평가 수준			평가 방법
	상	중	하	
분신술을 사용하는 다양한 상황을 상상하여 연극을 만들 수 있는가?				관찰법 실기법

대장을 찾아라!

활동목표   놀이 속 역할을 통해 분신을 경험할 수 있다.

활동형태   전체

활동방법   ① 원으로 모두 둘러앉는다.

② 한 명의 술래를 정하고, 술래는 수업 공간 밖에서 기다린다.

③ 술래가 나가면, 술래 모르게 대장을 한 명 정한다.

④ 대장이 하는 모든 행동을 나머지 학생들도 분신이 되어 똑같이 따라 한다. 모두 똑같이 행동하여 술래가 대장이 누군지 모르게 해야 한다.

⑤ 대장은 한 가지 행동이 아닌 다양한 행동을 바꾸어 진행한다.

⑥ 이때 교사의 신호에 따라 술래가 원 안으로 들어온다.

⑦ 술래는 원 안에 서서 행동을 관찰하고, 한 번의 기회로 대장을 찾아야 한다.

⑧ 술래가 대장의 이름을 부르면 모두 멈춘 후 'O' 혹은 '×'를 손으로 표시하여 결과를 알린다.

⑨ 술래가 대장 찾기를 실패한 경우 대장을 공개한다.

⑩ 대장이 새로운 술래가 되어 다시 활동을 시작한다.

⑪ 몇 차례 활동한 후 마무리한다.

- 이 프로그램은 〈대장을 찾아라!〉 연극놀이 상황처럼, '나에게 분신이 있다면?' 이라는 재미난 상상으로 개발되었다. 〈대장을 찾아라!〉는 전체가 함께 할 수 있는 놀이며, 모두가 함께 표현하기에 부담이 적고, 앉거나 서서 하더라도 표현의 크기가 크지 않아 누구나 쉽게 할 수 있다는 장점이 있다. 수업 대상에 따라 선택 놀이인 '거울 놀이'를 학생들의 표현 수준에 따라 선택하여 진행할 수 있다.
- 수업 대상에 따라 놀이를 시작할 때 교사가 술래와 대장 역할을 정해주는 것이 갈등을 줄일 수 있는 좋은 방법이다.
- 대장은 행동할 때 나머지 학생들이 따라할 수 있는 행동과 속도로 하도록 한다.
- 대장의 행동을 따라 하는 과정에서 나머지 학생들이 대장을 보면서 하여 술래에게 쉽게 들키지 않도록 한다.

- 놀이 과정에서 술래를 놀리거나 장난 치지 않도록 주의한다.
- 수업 대상에 따라 술래가 대장을 찾는 시간을 정해도 좋다.

응용
- 이 활동은 의자에 앉아서 혹은 서서 모두 가능하다. 수업 대상이 표현하는 것이 자유롭다면, 원 형태로 서서 한다. 이때 바닥에 마스킹테이프로 각각의 자리를 표시하여 원의 형태를 유지한 상태에서 할 수 있도록 한다.
- 수업 대상에 따라 술래를 교사가 하면, 모두 한마음으로 대장을 숨기려는 자연스러운 분위기가 형성되어 좋다.

전개 1 ﹥ 만약 분신이 있다면?

활동목표 분신을 사용하고 싶은 다양한 상황을 찾을 수 있다.

활동형태 전체

준비물 활동지①(만약 분신이 있다면?), 필기도구

활동방법 ① 교사는 학생들과 도입 활동처럼, 우리에게 분신이 있다면 어떤 상황에 쓰고 싶은지 간단히 나눈다.
② 각자 활동지①(만약 분신이 있다면?)에 분신을 사용하고 싶은 상황을 구체적으로 작성한다.
　　예 친구들이랑 놀고 싶은데 숙제가 너무 많을 때, 엄마의 듣기 싫은 잔소리를 들을 때, 친구랑 싸워 학교 가기 싫을 때 등
③ 모두 작성하면 활동지①을 돌아가면서 발표한다.
④ 발표된 상황 중에 인상적이거나 공감 가는 것에 대해 나눈 후 마무리한다.

도움말

• 판서를 할 때 '분신'을 '○○'으로 비워 두고, 도입 활동을 힌트로 알아보면 흥미롭게 활동 소재인 분신을 알 수 있다.

응용

• 수업 시간 및 인원에 따라 각자 포스트잇에 분신을 사용하고 싶은 상황을 적은 후 칠판에 붙여 함께 보는 것도 방법이다. 이때 학생들은 자신과 비슷한 상황에 포스트잇을 함께 붙인다. 이렇게 분류화하면 전체의 내용을 손쉽게 살펴볼 수 있으며, 이를 이후 활동에 모둠으로 구성하면 된다.
• 전체가 아닌 모둠 활동으로 진행할 경우 분신을 사용하고 싶은 다양한 상황을 찾도록 한다. 그중 한 가지의 상황을 선택하여 연극을 만든다.
• 이 프로그램은 '분신'을 '초능력'으로 확장하여 변형 프로그램이 가능하다. 즉, 가지고 싶은 초능력으로 하거나 부록①(다양한 초능력)을 제시하여 할 수 있다.

전개 2 나와라! 분신술!

활동목표 분신술을 사용하는 상황으로 연극을 만들 수 있다.

활동형태 모둠

준비물 활동지①(만약 분신이 있다면?)

활동방법 ① 활동지①의 분신을 사용하고 싶은 비슷한 상황으로 모둠을 구성한다.
② 모둠별로 그중 한 가지 상황을 선택하여 분신을 사용하게 되는 상황의 구체적인 이유와 결과를 넣어 연극을 만든다.
③ 분신술을 사용할 때 외치는 행동과 주문을 만든다.
　　예 손을 아래에서 위로 올려 손뼉을 치고 "나와라! 분신" 등
④ 발표 모둠은 분신술을 사용할 때 외치는 행동과 주문을 외치며 시작한다.
⑤ 모둠별로 연극을 발표한 후 마무리한다.

• 수업 대상과 인원에 따라 분신의 인원수는 선택적으로 진행한다.
• 수업 대상에 따라 분신술 주문은 악기를 활용하거나 다양한 소리도 가능하다.

• 수업 시간이 충분하다면, 분신술을 어떻게 얻게 되었는지를 상상하여 연극을 만들게 하면 다양한 상상을 만날 수 있다.

정리 및 감상　　활동 후 느낌 나누기

활동목표　공통점이 있는 학생과 느낀 점을 나누고 감상할 수 있다.

활동형태　모둠

활동방법　① 분신술을 사용하는 다양한 상황을 상상하여 연극을 만들어 보니 어떠한가요?
② 분신처럼 눈에 보이는 공통점을 찾아 자유롭게 모둠을 만든다.
　예 안경 쓴 사람, 청바지를 입은 사람, 머리 길이가 비슷한 사람 등
③ 모둠별로 활동 후 느낀 점을 나누고, 감상한다.

• 한 학생이 공통점을 찾아 먼저 모둠을 제안하면, 공통점이 무엇인지 나눈 후 모둠을 구성한다. 모둠의 인원수는 2명 이상이면 된다.
• 공통점을 찾을 때 '예쁘다'처럼 주관적 기준이 아닌 눈에 보이는 객관적인 것을 기준으로 한다.

선택 놀이 거울 놀이

활동목표 놀이 속 역할을 통해 분신을 경험할 수 있다.

활동형태 2인 1조

준비물 음악

활동방법 ① 2명씩 짝을 지은 후 가위바위보를 한다.

② 이긴 사람은 '사람(A)', 진 사람은 '거울에 비친 사람(B)'이 된다.

③ 서로 일정한 거리를 두고, 마주 보고 선다.

④ A가 말없이 몸을 움직이면, B도 똑같이 몸을 움직인다.

⑤ A는 단계적으로 움직임의 난이도를 점차 높혀간다.

⑥ 일정한 시간이 되면, A와 B의 역할을 바꾸어 진행한 후 마무리한다.

도움말

- A는 B와 함께할 수 있는 속도와 움직임을 배려하면서 하도록 한다. 이를 위해 음악을 활용하여 움직임의 속도와 집중할 수 있는 분위기를 조성하면 좋다.

- 짝꿍과 마주 보는 거리는 마주 본 상태에서 서로 팔을 앞으로 나란히 한 정도이다. 수업 대상의 관계도에 따라 마주 보는 거리를 조절한다. 관계도가 높을수록 거리는 좁혀질 수 있다.

- 2인 1조로 활동할 때 다른 사람과 부딪치지 않도록 주의한다.

- 활동할 때는 수업 공간을 자유롭게 이동할 수 있으나 다른 학생들과 상호작용하지 않도록 한다.

응용

- 수업 대상의 관계도나 인원에 따라 거울 놀이는 다양하게 변형하여 진행할 수 있다. 전체가 원으로 둘러선 후 원 안에 한 명씩 들어가 움직임을 하면, 모두가 따라한다. 이 형태는 모둠으로도 가능하며, 꼭 원으로 하지 않아도 된다.

- 수업 대상에 따라 즉흥적인 움직임을 어려워한다면 교사가 단어로 상황을 제시할 수 있다.

  예 봄, 청소, 바다, 도서관, 요리, 운동, 인사 등

이름 :

만약 분신이 있다면, 분신을 사용하고 싶은 상황을 구체적으로 작성하세요.

공간을 이동하는 능력	분신을 만드는 능력
시간을 이동하는 능력	시간을 정지하는 능력
하늘을 나는 능력	기억을 지우는 능력
변신할 수 있는 능력	속마음을 들을 수 있는 능력
투명인간이 되는 능력	미래를 볼 수 있는 능력

20. 놀이에서 찾은 속담 이야기

활용 놀이   협동 컵 쌓기

수업목표   놀이에서 찾은 속담으로 연극을 만들 수 있다.

준비물   활동지①(놀이 속 속담을 찾아라!), (모둠별) 종이컵 6개, 노란 고무줄 1개, 털실 (인원수), 필기도구

부록   부록①(놀이 속 다양한 속담)

교육과정   도입   컵을 쌓아라!

(목표: 협동하여 컵을 쌓을 수 있다.)

전개 1   놀이 속 속담을 찾아라!

(목표: 놀이 속 상황에 어울리는 속담을 찾을 수 있다.)

전개 2   놀이 속 속담으로 연극 만들기

(목표: 속담을 일상과 연결하여 연극을 만들 수 있다.)

정리 및 감상   활동 후 느낌 나누기

(목표: 속담으로 느낀 점을 나누고 감상할 수 있다.)

평가

평가 내용	평가 수준			평가 방법
	상	중	하	
놀이에서 찾은 속담으로 연극을 만들 수 있는가?				관찰법 실기법

컵을 쌓아라!

활동목표 협동하여 컵을 쌓을 수 있다.

활동형태 모둠

준비물 모둠별로 종이컵 6개, 노란 고무줄 1개, 털실(약 15-20cm, 인원수)

활동방법 ① 모둠을 나눈 후 모둠별 준비물을 나눠준다.

② 고무줄 1개에 인원수대로 털실을 간격을 두고 묶는다.

③ 종이컵을 아래 3개, 그 위에 2개, 맨 위 1개로 피라미드처럼 쌓는다.

 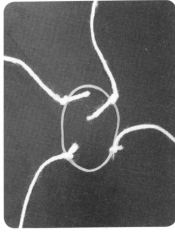 

④ 모두 말없이 털실을 잡아당겨 쌓아둔 종이컵에 고무줄을 끼운 후 옆자리에 차례대로 옮겨 쌓는다.

⑤ 쓰러진 종이컵을 세우거나 종이컵끼리 겹쳐서 뺄 때 등 어떤 경우든 컵을 손으로 만지지 않는다.

⑥ 한 차례 컵 쌓기가 끝나면, 모둠별로 컵을 쌓는 과정의 문제들을 해결할 수 있는 구체적인 방법을 정한다.

  예 한 사람의 신호에 따라 함께 움직인다, 컵을 옮기는 순서를 정한다, 고무줄을 컵의 중앙까지 끼운다 등

⑦ 선택한 방법들을 적용하여 모둠별 컵 쌓기를 몇 차례 더 진행한 후 마무리한다.

- 이 프로그램은 협동 컵 쌓기 놀이에서 발생하는 공동체 안의 다양한 문제 상황을 속담에서 일상으로 연결한 프로그램이다. 따라서 함께 하는 공동체 놀이면 어떤 것이든 가능하다. 예를 들면, 실내화로 탑 쌓기, 책으로 탑 쌓기처럼 일상의 소재를 가지고 공동체가 함께 하는 놀이면 어떤 것이든 가능하다. 단, 모둠별 대결이나 경쟁이 아님을 주의한다.
- 털실은 잡아당기는 활동이 많아 풀어지기 쉬우니 2번씩 묶도록 한다.
- 한 모둠의 인원수는 4명이 가장 적절하다. 3명이면 잡아당긴 고무줄 모양이 세모 모양이라 다소 어려울 수 있다. 2명이면, 털실을 4개를 묶어 한 사람이 두 개씩 잡아서 활동하도록 한다.
- 활동은 바닥에서 할 수도 있고, 책상 위에서 진행해도 된다.
- 활동 후 어떻게 하면 컵을 잘 쌓을 수 있을까 물으면 "협동을 한다", "한마음으로 한다" 등의 대답을 한다. 이것은 틀린 답이 아닌 구체적이지 않은 답이다. 협동하여 컵을 잘 쌓기 위해선 어떻게 해야 하는지 구체적인 방법을 찾도록 한다.
- 자신의 털실이 아닌 다른 사람의 털실을 잡지 않는다.

- 수업 대상 및 시간에 따라 종이컵을 추가하거나 원하는 형태로 새롭게 쌓아 활동할 수 있다.
- 고무줄을 묶는 끈은 털실이 아닌 어떤 종류의 끈도 가능하다.
- 수업 시간에 따라 다른 모둠 탐방을 가도록 하면, 서로 생각지 못한 다양한 방법을 알게 되어 긍정적이다.

전개 1 놀이 속 속담을 찾아라!

활동목표 놀이 속 상황과 어울리는 속담을 찾을 수 있다.

활동형태 모둠

준비물 활동지①(놀이 속 속담을 찾아라!), 필기도구

활동방법 ① 교사는 학생들과 협동 컵 쌓기 놀이의 다양한 느낌을 나누고, 이를 속담과 연결하여 나눈다.

> 예 "처음엔 어려웠는데 친구들과 의견을 내면서 하니 조금씩 잘 할 수 있어서 좋았어요" : 천 리 길도 한 걸음부터

② 모둠별로 활동지①(놀이 속 속담을 찾아라!)에 놀이 상황과 어울리는 속담을 찾아 작성한다.

> 예 공든 탑이 무너지랴, 백지장도 맞들면 낫다, 가는 말이 고와야 오는 말이 곱다, 천 리 길도 한 걸음부터, 사공이 많으면 배가 산으로 간다 등

③ 발표 모둠이 찾은 속담을 발표한다.

④ 놀이 상황과 속담의 연관성이 궁금하면 묻고, 답한다.

⑤ 중복된 것을 제외하고 모둠별로 발표한다.

⑥ 모둠별로 돌아가면서 활동지①을 발표한 후 마무리한다.

도움말

• 수업 대상에 따라 놀이 상황과 속담의 뜻을 잘 이해하여 작성하였는지 살펴본다.

응용

• 수업 시간 및 대상에 따라 모둠별로 한 가지의 속담을 찾도록 한다.

• 수업 시간에 따라 전체가 함께 나눈 속담을 교사가 기록하거나 부록①(놀이 속 다양한 속담)을 활용하여 다음 활동을 진행한다.

• 수업 대상에 따라 속담 관련 책이나 속담카드를 모둠별로 제공하여 찾도록 하면, 다양한 속담을 통해 놀이 상황을 생각해볼 수 있어 좋다.

놀이 속 속담으로 연극 만들기

활동목표 속담을 일상과 연결하여 연극을 만들 수 있다.

활동형태 모둠

준비물 활동지①(놀이 속 속담을 찾아라!)

활동방법 ① 모둠별로 활동지①에서 찾은 다양한 속담이 일상 속 어떤 상황과 유사한지 다양하게 나눈다.

② 그중 선택한 속담과 일상 상황으로 비밀리에 연극을 만든다.

③ 발표 모둠이 연극을 발표하면, 나머지 학생들은 연극에 담긴 속담과 그 이유에 대해 나눈다.

④ 발표 모둠은 선택한 속담을 공개한다.

⑤ 모둠별로 연극을 발표한 후 마무리한다.

도움말
• 수업 대상에 따라 일상 상황과 연결을 어려워한다면, 전래동화처럼 알고 있는 이야기의 상황으로 연극을 만들도록 한다.

정리 및 감상 활동 후 느낌 나누기

활동목표 속담으로 느낀 점을 나누고 감상할 수 있다.

활동형태 모둠

활동방법 ① 놀이 속 상황에 적합한 속담으로 연극을 만들어 보니 어떠한가요?

② 활동 후 느낀 점을 모둠별로 속담으로 표현하고, 감상한다.

도움말
• 모둠별로 활동지①에서 찾은 속담이나 부록①을 활용하여 느낀 점을 다양하게 나눌 수 있다.

활동지 ① 〉 놀이 속 속담을 찾아라!

모둠 : _____

놀이 속 상황과 어울리는 속담을 찾아 작성하세요.

부록 ①	놀이 속 다양한 속담

가는 말이 고와야 오는 말이 곱다.	자기가 남에게 말이나 행동을 좋게 하여야 남도 자기에게 좋게 한다는 말
사공이 많으면 배가 산으로 간다.	여러 사람이 저마다 제 주장대로 배를 몰려고 하면 결국에는 배가 물로 못가고 산으로 올라간다는 뜻으로, 여러 사람이 자기주장만 내세우면 일이 제대로 되기 어려움을 비유적으로 이르는 말
천 리 길도 한 걸음부터	무슨 일이나 그 일의 시작이 중요하다는 말
아니 땐 굴뚝에 연기 나랴	원인이 없으면 결과가 있을 수 없음을 비유적으로 이르는 말
공든 탑이 무너지랴	공들여 쌓은 탑은 무너질리 없다는 뜻으로, 힘을 다하고 정성을 다하여 한 일은 그 결과가 반드시 헛되지 아니함을 비유적으로 이르는 말
백지장도 맞들면 낫다.	쉬운 일이라도 협력하여 하면 훨씬 쉽다는 말
티끌 모아 태산	아무리 작은 것이라도 모이고 모이면 나중에 큰 덩어리가 됨을 비유적으로 이르는 말
돌다리도 두들겨 보고 건너라.	잘 아는 일이라도 세심하게 주의를 하라는 말
태산을 넘으면 평지를 본다.	어려운 일이나 고된 일을 겪은 뒤에는 반드시 즐겁고 좋은 일이 생긴다는 말

출처 : 네이버 국어사전

놀이 속 다양한 속담

콩 심은 데 콩 나고 팥 심은 데 팥 난다.	모든 일은 근본에 따라 거기에 걸맞은 결과가 나타나는 것임을 비유적으로 이르는 말
하늘이 무너져도 솟아날 구멍이 있다.	아무리 어려운 경우에 처하더라도 살아 나갈 방도가 생긴다는 말
한 술 밥에 배부르랴.	어떤 일이든지 단번에 만족할 수 없다는 말
원숭이도 나무에서 떨어진다.	아무리 익숙하고 잘하는 사람이라도 간혹 실수할 때가 있음을 비유적으로 이르는 말
하늘의 별 따기	무엇을 얻거나 성취하기가 매우 어려운 경우를 비유적으로 이르는 말
가까운 데를 가도 점심밥을 싸가지고 가거라.	무슨 일에나 준비를 든든히 하여 실수가 없게 하는 말
무쇠도 갈면 바늘 된다.	꾸준히 노력하면 어떤 어려운 일이라도 이룰 수 있다는 말
걷기도 전에 뛰려고 한다.	쉽고 간단한 일도 해낼 능력이 없으면서 단번에 어렵고 큰일을 하려고 나서는 것을 이르는 말
아는 길도 물어 가랬다.	잘 아는 일이라도 세심하게 주의를 하라는 말

출처 : 네이버 국어사전

21. 비상구의 새로운 발견

활용 놀이   조각상 릴레이

수업목표   비상구 표시 속 인물 동작으로 상황을 상상하여 연극을 만들 수 있다.

준비물   활동지①(동작 카드), 활동지②(비상구), 활동지③(일상 속 다양한 비상구?), 채색 도구, 테이프, 검색기기

부록   부록①(일상 속 다양한 비상구!)

교육과정

도입   조각상 릴레이

(목표: 한 동작이 다양한 상황에서 쓰임을 알 수 있다.)

전개 1   일상 속 다양한 비상구?

(목표: 비상구 표시 속 인물 동작으로 다양한 상황을 상상하여 그림을 그릴 수 있다.)

전개 2   그림의 앞뒤 상상하여 연극 만들기

(목표: 그림의 앞뒤 이야기를 상상하여 연극을 만들 수 있다.)

정리 및 감상   활동 후 느낌 나누기

(목표: 다양한 비상구로 느낀 점을 나누고 감상할 수 있다.)

평가

평가 내용	평가 수준			평가 방법
	상	중	하	
비상구 표시 속 인물 동작으로 상황을 상상하여 연극을 만들 수 있는가?				관찰법 실기법

도입 조각상 릴레이

활동목표 한 동작이 다양한 상황에 쓰임을 알 수 있다.

활동형태 모둠

준비물 활동지①(동작 카드)

활동방법
① 모둠을 나눈 후 모둠원끼리 조각상 만들 순서를 정한다.
② 발표 모둠의 첫 번째 발표자가 나와 동작 카드를 뽑는다.
③ 뽑은 카드에 인물의 동작을 똑같이 정지 조각상으로 표현한다.
   예 급하게 무단횡단을 하는 아저씨, 운동회 때 달리기 선수 등
④ 표현된 조각상을 보고, 장소와 인물을 상상하여 모둠원의 발표 순서대로 조
   각상을 이어 표현한다.
⑤ 활동 중 모둠원과 상의할 수 없다.
⑥ 발표 모둠의 조각상이 모두 완성되면, 장소와 인물, 인물들의 관계와 상황
   등을 상상하여 함께 나눈다.
⑦ 발표자 역순으로 각자 장소와 인물을 어떻게 상상하여 어떤 인물과 상황을
   표현했는지 발표한다.
⑧ 교사는 첫 번째 발표자가 뽑은 동작 카드를 공개하여 상황을 설명한다.
⑨ 모둠별로 조각상을 만든 후 마무리한다.

도움말
- 동작 카드의 모든 동작은 비상구 표시 속 인물의 동작이다. 한 동작이 다양한 상
  황에서 쓰임을 알기 위해 일상의 다양한 상황으로 동작 쪽지를 만들었다. 모둠의
  첫 발표자가 동작을 정지 조각상으로 나타내면, 나머지 학생들은 같은 상황의 조
  각상으로 생각한다. 교사는 모둠마다 동작이 다른 상황임을 안내하여 다양한 상
  황을 상상하여 조각상으로 완성하게 한다.
- 정지 조각상으로 표현하기 전 움직임으로 상황에 대한 힌트를 주지 않도록 한다.
  조각상을 보고 구체적으로 인물과 상황을 상상하여 상황과 어울리는 표현을 하
  는 것이 중요한 활동이기 때문이다.
- 모둠 발표 때 일정한 간격으로 교사가 숫자를 외치거나 핸드벨로 발표 신호를 주

면 좀 더 매끄럽게 활동이 진행된다.

- 수업 시간 및 대상에 따라 모둠원 모두가 조각상을 완성하였을 때 각자 표현한 인물에 적합한 한 마디의 대사를 하도록 한다. 대사를 통해 인물과 상황을 구체적으로 확인할 수 있다.
- 수업 시간에 따라 한 모둠만 진행할 수 있다. 비상구 표시 속 인물의 동작을 보고, 모둠원이 순서대로 상상한 것을 듣는 과정에서도 같은 동작이 다양한 상황에 쓰임을 알 수 있기 때문이다.
- 비상구 표시가 있는 수업 공간이라면, 동작 카드를 모둠별로 뽑은 후 교실 속 똑같은 동작을 찾도록 할 수 있다. 또는 활동지①(동작 카드)을 퍼즐로 만들어 모둠별로 퍼즐을 완성하게 한 후 퍼즐의 공통점을 찾도록 해도 좋다.

전개 1 › 일상 속 다양한 비상구?

활동목표 비상구 표시 속 인물 동작으로 다양한 상황을 상상하여 그림을 그릴 수 있다.

활동형태 전체

준비물 활동지②(비상구), 활동지③(일상 속 다양한 비상구?), 채색도구, 테이프

활동방법 ① 교사는 도입 활동에서 만난 똑같은 동작인데, 우리의 일상에 꼭 필요한 것이라 소개하며, 활동지②(비상구)를 보여준다. 이를 통해 한 동작이 일상에서 다양하게 쓰임을 안내한다.

② 활동지③(일상 속 다양한 비상구?)에 각자 인물의 동작으로 상황을 상상하여 그림을 그린다.

③ 도입 활동에서 나왔던 상황은 제외한다.

④ 구체적인 인물 표현을 위해 설정한 인물을 나타낼 수 있는 표정, 옷차림, 머

리 스타일, 말풍선 등을 그린다.

친구의 배신

미래를 알 수 있다면

⑤ 완성된 그림에 제목을 작성한 후 수업 공간에 창조한 그림과 어울리는 공간을 찾아 전시한다.

⑥ 전시된 그림을 함께 감상한 후 마무리한다.

도움말
• 인물의 표정은 현재 상황이 즐거운지, 두려운지, 슬픈지를 잘 나타내주는 중요한 것이기에 꼭 그리도록 한다. 이를 위해 필요하다면, 수업 대상에 따라 다양한 표정을 제시해주는 것도 좋다.
• 이 활동은 그림을 잘 그리는 것이 아닌 상상한 상황을 표현하는 것이 중요한 활동이라 안내하여 그림에 대한 부담을 줄이도록 한다.

응용
• 수업 대상 및 시간에 따라 활동형태를 2인 1조나 모둠으로 진행한다.
• 수업 시간에 따라 전시 및 감상 활동은 선택적으로 진행할 수 있다.
• 인터넷에 '다양한 표정'을 검색하면, 무수히 많은 표정 자료를 손쉽게 만날 수 있다. 이를 활용하여 얼굴이 함께 그려진 표정 그림 중 한 가지를 선택하여 오려 붙인 후 상황을 상상하여 그림을 창조할 수 있다.

- 활동의 이해를 돕기 위해 부록①(일상 속 다양한 비상구!)을 예로 활용할 수 있다.
  예 친구의 배신 - 우주에서 약속을 지키지 않고 먼저 떠나버린 친구들
  　　미래를 알 수 있다면 - 동생을 구하기 위해 버스를 따라가는 학생
- 학생들이 수업을 통해 완성한 활동지③ 중 다양한 상상을 담은 것은 도입 활동의 활동지로 대체하여 활용하면 좋다.

전개 2 〉 그림의 앞뒤 상상하여 연극 만들기

활동목표　그림의 앞뒤 이야기를 상상하여 연극을 만들 수 있다.

활동형태　모둠

준비물　활동지③(일상 속 다양한 비상구?)

활동방법　① 모둠을 나눈 후 모둠별 활동지③을 살펴본다.
　　　　　　② 그림별로 다양한 앞뒤 이야기를 상상하여 나눈다.
　　　　　　③ 그중 선택한 그림과 앞뒤 상황으로 연극을 만든다.
　　　　　　④ 발표 모둠은 선택한 그림을 소개한 후 연극을 발표한다.
　　　　　　⑤ 모둠별로 연극을 발표한 후 마무리한다.

도움말
- 수업 대상에 따라 선택한 그림은 한 가지 이상이 될 수 있다.
- 모둠 구성을 비슷한 상황으로 나눌 수 있다.

응용
- 수업 시간에 따라 전개 1을 생략하고, 도입 활동의 활동지①의 앞뒤 이야기를 상상하여 연극을 만들게 할 수 있다.

정리 및 감상 활동 후 느낌 나누기

활동목표   다양한 비상구로 느낀 점을 나누고 감상할 수 있다.

활동형태   모둠

준비물   검색기기

활동방법   ① 비상구 표시 속 인물 동작으로 상황을 상상하여 연극을 만들어 보니 어떠한 가요?

② 모둠을 나눈 후 모둠별로 검색기기를 활용하여 '비상구'를 검색한다.

③ 다양한 비상구 중 수업의 느낀 점과 닮은 비상구로 느낀 점을 나누며 감상한다.

> 도움말
> • 인터넷에 '비상구'를 검색하면 오로지 종이접기로 만들어낸 비상구, 탈출 거리가 표시된 비상구, 의외의 장소에 붙여진 비상구, 예술작품 속에 등장하는 비상구 등 생각지 못한 다양한 비상구를 만나게 된다. 비상구 표시의 인물 동작을 일상으로 확장하여 연극을 만들었다면, 느낀 점을 다양한 비상구를 살펴보고 나누는 것도 새로운 만남이 될 것이다. 수업 대상이나 환경에 따라 검색기기 활용이 어렵다면, 교사가 다양한 자료를 준비하면 된다.

무단횡단

도망가는 도둑

출동하는 소방관

지각한 학생

운동회 달리기

술래잡기

활동지 ②   비상구

활동지 ③ 〉 일상 속 다양한 비상구?

이름 : _____

비상구 표시 속 인물 동작으로 다양한 상황을 상상하여 그림을 그리세요.

제목 :

①

②

① 친구의 배신 – 우주에서 약속을 지키지 않고, 먼저 떠나버린 친구들

② 미래를 알 수 있다면 – 동생을 구하기 위해 버스를 따라가는 학생

22. 초성에 더해진 상상

활용 놀이   숨은그림찾기(변형), 쁘띠바크(변형)

수업목표   주어진 초성이 들어가는 단어나 대사로 상황을 창조하여 연극을 만들 수 있다.

준비물   활동지①(초성 쪽지), 활동지②(일상 속 초성을 찾아라!), 활동지③(초성으로 만드는 표정), 필기도구, 채색도구, 국어사전

부록   부록①(ㅇ 초성이 들어가는 사물을 찾아라!)

교육과정   도입   교실 속 초성을 찾아라!

(목표: 교실에서 초성모양을 찾을 수 있다.)

전개 1   일상 속 초성을 찾아라!

(목표: 항목별로 초성이 들어가는 단어나 대사를 찾을 수 있다.)

전개 2   초성의 만남

(목표: 항목의 연결로 주어진 상황을 상상하여 연극을 만들 수 있다.)

정리 및 감상   활동 후 느낌 나누기

(목표: 초성으로 느낀 점을 표현하고 감상할 수 있다.)

평가

평가 내용	평가 수준			평가 방법
	상	중	하	
주어진 초성이 들어가는 단어나 대사로 상황을 창조하여 연극을 만들 수 있는가?				관찰법 실기법

도입 교실 속 초성을 찾아라!

활동목표   교실에서 초성모양을 찾을 수 있다.

활동형태   모둠

준비물   활동지①(초성 쪽지)

활동방법   ① 교사는 학생들에게 교실에서 초성모양을 찾을 것을 알린 후 시범을 보인다.

       예 칠판 : ㄱ, ㄴ, ㄷ, ㄹ, ㅁ

      ② 모둠을 나눈 후 모둠별로 비밀리에 초성 쪽지를 한 개 뽑는다.

      ③ 모둠별로 선택한 초성모양을 교실에서 다양하게 찾는다.

      ④ 찾아낸 곳 중 가장 창의적이라 생각하는 곳을 모둠별로 선택한다.

      ⑤ 발표 모둠은 선택한 곳을 공개한다.

      ⑥ 발표 모둠이 선택한 곳을 보고, 나머지 모둠은 어떤 초성인지를 맞힌다.

      ⑦ 발표 모둠은 선택한 초성을 공개한다.

      ⑧ 모둠별로 선택한 초성을 알아본 후 마무리한다.

도움말

• 초성모양을 찾는 것이지 교실 속에 쓰인 실제 초성을 찾는 것이 아님을 안내한다.

• 선택한 초성을 찾고, 맞히는 형태이니 모둠별로 꼭 비밀리에 하도록 한다. 이를 위해 모둠별로 꼭 함께 다니도록 한다.

• 초성모양 찾기를 어려워한다면, 다른 모둠과 함께 찾아보거나 초성 선택권을 다시 준다.

• 초성의 표기가 'ㅊ'이나 'ㅎ'처럼 다양한 경우 모두 초성모양으로 허용한다.

응용

• 부록①(○ 초성이 들어가는 사물을 찾아라!)을 활용하여 수업 공간에서 모둠별로 선택한 초성이 들어가는 사물을 찾게 할 수 있다.

일상 속 초성을 찾아라!

활동목표   항목별로 초성이 들어가는 단어나 대사를 찾을 수 있다.

활동형태   전체

준비물   활동지②(일상 속 초성을 찾아라!), 필기도구, 국어사전

활동방법   ① 교사는 학생들에게 활동지②(일상 속 초성을 찾아라!) 항목별로 초성이 들어
가는 단어나 대사를 찾는 시범을 보인다.

> 예 ㅅ
>
> 성격 : 소심한, 성실한, 사교적인, 단순한, 느긋한, 인내심 있는
>
> 장소 : 식당, 사당, 소방서, 시청, 수영장, 급식실, 실내놀이터
>
> 직업 : 사육사, 선생님, 시인, 사진작가, 소방관, 수영선수, 스님
>
> 감정 : 쓸쓸한, 슬픈, 수치스러운, 서러운, 신나는, 속상한
>
> 대사 : 거기 서!, 스스로 해!, 설명이 어려워, 설마…

② 모둠별로 선택한 초성으로 활동지②에 시간 안에 최대한 많은 단어와 대사
를 작성한다.

③ 교사는 중간에 모둠별로 돌아가며 1분 국어사전 찾기 힌트를 준다.

④ 발표 모둠은 선택한 초성을 소개한 후 활동지②를 발표한다.

⑤ 발표 후 나머지 학생들이 새롭게 찾아낸 단어나 대사를 함께 나눈다.

⑥ 모둠별로 선택한 초성으로 작성한 활동지②를 나눈 후 마무리한다.

도움말

• 이 활동은 프랑스의 국민 게임으로 잘 알려진 쁘띠바크(Petit Bac)를 연극에 맞게
항목과 방법을 변형한 것이다. 쁘띠바크의 방법은 먼저 지정된 자음으로 시작되
는 단어를 7개의 주제(항목)에 맞게 작성한다. 이후 7개 주제의 단어를 모두 작성
한 사람이 '정답'을 외치면, 나머지 사람들은 단어를 더는 작성할 수 없다. 작성
한 단어가 다른 사람과 중복되지 않은 단어 개수만큼 높은 점수를 얻게 되는 놀
이다. 이 놀이를 연극적 상황을 창조할 수 있는 항목으로 변경을 하였으며, 해당
항목에 다양한 단어와 대사를 찾을 수 있도록 초성으로 시작하는 것이 아닌 들어
가는 것을 찾도록 방법을 변경하였다.

• 모둠 수만큼 수업 공간에 국어사전이 있다면, 동시에 진행한다.

전개 2 초성의 만남

활동목표 항목의 연결로 주어진 상황을 상상하여 연극을 만들 수 있다.

활동형태 모둠

준비물 활동지②(일상 속 초성을 찾아라!)

활동방법 ① 모둠별로 작성한 활동지②의 항목과 항목을 다양하게 연결하여 상황을 나눈다.

예 성격(소심한) + 장소(수영장) = 수영장에서 어떤 인물의 소심함을 보여줄 수 있는지의 상황

직업(선생님) + 감정(슬픈) = 선생님의 슬픔을 보여줄 수 있는 상황

장소(식당) + 대사(거기 서!) = 식당에서 어떤 인물이 대사를 하게 되는 상황

② 그중 선택한 항목과 상황으로 연극을 만든다.

③ 발표 모둠은 선택한 항목을 소개한 후 연극을 발표한다.

④ 모둠별로 연극을 발표한 후 마무리한다.

도움말
- 수업 대상에 따라 선택한 항목은 두 가지 이상이 될 수 있다.

  예 성격(소심한) + 장소(수영장) + 대사(설마...)
- 갈등이 그려질 수 있는 항목의 연결을 선택하도록 안내한다.

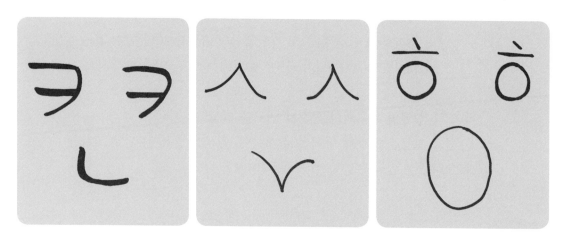

정리 및 감상 〉 활동 후 느낌 나누기

활동목표   초성으로 느낀 점을 표현하고 감상할 수 있다.

활동형태   모둠

준비물   활동지③(초성으로 만드는 표정), 채색도구

활동방법   ① 주어진 초성이 들어가는 단어나 대사로 상황을 창조하여 연극을 만들어 보니 어떠한가요?

② 교사가 초성을 활용하여 만들 수 있는 다양한 표정을 시범을 보인다.

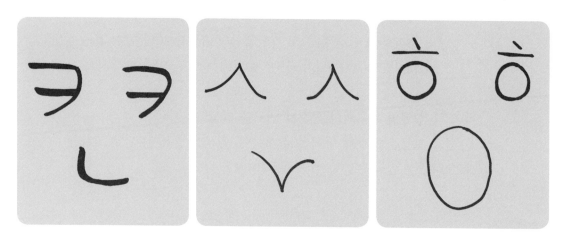

③ 각자 활동지③(초성으로 만드는 표정)에 초성을 활용하여 느낀 점을 표정으로 그리고, 표정 이름을 작성한다.

④ 표정은 한 가지의 초성만 사용하지 않아도 되며, 초성의 원래 방향이 아닌 다른 방향으로 바꾸어 활용할 수 있다.

⑤ 모둠별로 완성된 활동지③으로 느낀 점을 나누고, 감상한다.

> **도움말**
> • 초성을 활용한 다양한 표정은 《표정으로 배우는 ㄱㄴㄷ》(솔트앤페퍼 글, 그림, 소금과 후추, 2017) 책을 참고한다.
> • 수업 대상에 따라 자음과 모음을 모두 사용할 수 있다.

응용	

- 자음과 모음 블록들을 사용하여 직접 표정을 만들 수 있다. 또는 모둠별로 느낀 점을 나눈 후 한 가지의 표정을 정해 초성을 활용한 표정을 직접 몸으로 표현할 수 있다.
- 모둠별로 작성한 활동지②의 다양한 단어나 대사를 빗대어 느낀 점을 나누고 감상할 수 있다.

활동지 ①   초성 쪽지

ㄱ	ㄴ
ㄷ	ㄹ, ㄹ
ㅁ	ㅂ
ㅅ, ㅅ	ㅇ
ㅈ, ㅈ	ㅊ, ㅊ
ㅋ	ㅌ
ㅍ	ㅎ, ㅎ

활동지 ② 일상 속 초성을 찾아라!

<u>모둠 :</u>

항목별로 선택한 초성이 들어가는 단어나 대사를 찾아 작성하세요.

선택한 초성	
장소	
성격	
직업	
감정	
대사	

| 활동지 ③ | 초성으로 만드는 표정 |

이름 :

초성을 다양하게 활용하여 느낀 점을 표정으로 그리고, 표정 이름을 작성하세요.

표정 이름 :

부록 ①   ○ 초성이 들어가는 사물을 찾아라!

모둠 : _____

고실에서 선택한 초성이 들어가는 다양한 사물을 찾아 작성하세요.

선택한 초성			

23. 눈치가 보이는 연극

활용 놀이 눈치 게임

수업목표 다양한 장소에서 눈치 보는 상황을 방백으로 표현하여 연극을 만들 수 있다.

준비물 활동지①(눈치 보다!), 활동지②(말풍선), 필기도구, 핸드벨, 테이프

교육과정   도입   눈치 게임
(목표: 눈치 보는 놀이를 할 수 있다.)

전개 1 눈치 보다!
(목표: 다양한 장소에서 눈치 보는 상황을 찾을 수 있다.)

전개 2 방백으로 눈치 보는 연극
(목표: 눈치 보는 상황을 방백으로 표현하여 연극을 만들 수 있다.)

정리 및 감상 활동 후 느낌 나누기

(목표: 말풍선으로 느낀 점을 표현하고 감상할 수 있다.)

평가

평가 내용	평가 수준			평가 방법
	상	중	하	
다양한 장소에서 눈치 보는 상황을 방백으로 표현하여 연극을 만들 수 있는가?				관찰법 실기법

도입 눈치 게임

활동목표 눈치 보는 놀이를 할 수 있다.

활동형태 전체

활동방법 ① 원으로 둘러선다.

② 전체 인원수를 확인하여 외칠 숫자를 확인한다.

　例 15명이라면 15까지, 20명이라면 20까지

③ 숫자 순서대로 즉흥적으로 외치며 자리에 앉는다.

④ 놀이 중 아래의 경우 탈락한다.

• 숫자를 다른 사람과 동시에 외칠 때(2명 이상)

• 마지막 숫자를 외칠 때

• 숫자의 순서에 맞지 않거나 혹은 불분명한 발음으로 외칠 때

• 눈치 보며 숫자를 외치려다 포기하여 어설프게 앉았다 일어날 때

---

⑤ 서바이벌 형식으로 살아남은 사람끼리 몇 차례 더 진행 후 마무리한다.

도움말

• 숫자를 외칠 때 서 있다가 앉거나 앉았다 서는 것은 편한 방법을 정하면 된다.

• 최종 승자를 가리고자 할 때는 시작 신호와 함께 더 빨리 앉는 사람을 승자로 한다. 혹은 학생들과 함께 특정 행동이나 자세를 정하여 진행한다.

응용

• 수업 인원이 많으면, 모둠 눈치 게임을 한다. 모둠원끼리 손을 잡고 줄지어 서거나 원으로 선다. 둘 중 모둠끼리 서로 볼 수 있는 형태를 선택한다. 외칠 숫자는 모둠 수가 된다. 놀이가 시작되면, 숫자를 외치는 것 이외에 어떤 말도 할 수 없다. 즉, 모둠별로 상의 없이 서로의 눈치를 살피며 즉흥적으로 함께 숫자를 외쳐야 한다. 정리하면, 모둠 눈치 게임에선 모둠원 모두 숫자를 외치고, 동시에 함께 앉아야만 성공이다. 이 놀이는 구조의 간단한 변형으로 협동이 중요한 놀이가 된다.

전개 1 ▷ 눈치 보다!

활동목표   다양한 장소에서 눈치 보는 상황을 찾을 수 있다.

활동형태   모둠

준비물   활동지①(눈치 보다!), 필기도구

활동방법   ① 교사는 학생과 눈치 게임의 상황을 통해 '눈치'의 뜻을 함께 알아보고, 일상에서 눈치 보는 상황에 대해 함께 나눈다.

> **눈치**
>
> 1. 남의 마음을 그때그때 상황으로 미루어 알아내는 것
> 2. 속으로 생각하는 바가 겉으로 드러나는 어떤 태도
>
> (출처 : 네이버 국어사전)

② 모둠을 나눈 후 활동지①(눈치 보다!)에 다양한 장소에서 눈치 보는 구체적 상황을 찾아 작성한다.

예 집 : 피자가 한 조각 남았을 때, 엄마 몰래 게임을 할 때, 주인의 기분을 살피는 애완견, 도둑이 물건을 훔치고 도망갈 때 등

학교 : 친구에게 몰래카메라를 할 때, 숙제를 해오지 않았을 때, 늦잠 자서 지각을 했을 때, 친구랑 싸웠을 때 등

③ 발표 모둠이 완성한 활동지①을 발표한다.

④ 모둠별로 중복되는 것은 제외하고 발표한다.

⑤ 모둠별로 활동지①을 발표한 후 마무리한다.

도움말 ▷ • 장소는 구체적인 인물과 상황을 쉽게 떠오르기에 이를 바탕으로 눈치 보는 상황을 찾도록 안내한다.

응용 ▷ • 부록①(다양한 장소)로 모둠별 제비뽑기를 하여 장소별 눈치 보는 상황을 찾도록 활용할 수 있다.

전개 2 방백으로 눈치 보는 연극

활동목표 눈치 보는 상황을 방백으로 표현하여 연극을 만들 수 있다.

활동형태 모둠

준비물 활동지①(눈치 보다!), 핸드벨

활동방법 ① 교사는 눈치 보는 상황 속 인물의 속마음을 '방백'으로 표현할 것을 안내한다.

> **방백**(傍白, aside)
> 방백은 곁에 사람을 두고도 홀로 하는 말이다. 이때 곁에 사람이 그 말을 알아듣지 못하는 경우에 방백의 효과는 살아난다. 즉 방백은 관객을 향한 말이다. 독백이나 방백이나 일종의 연극적 약속인 셈이다. 관객은 방백을 통해서 어떤 정보, 예측, 기대심리를 갖게 되고, 연극의 발전에 기여하게 된다.
>
> 출처 : 네이버 지식백과, 문학비평용어사전, 2006.1.30, 한국문화평론가협회

② 모둠별로 작성한 활동지① 중 한 가지의 상황을 선택한다.

③ 선택한 상황의 원인과 결과, 방백을 넣어 연극을 만든다.

④ 방백은 상황에 따라 한 사람이 아닌 그 이상을 사용할 수 있다.

⑤ 발표 모둠은 인물의 방백 전과 후에 핸드벨을 쳐서 알린다.

⑥ 모둠별로 연극을 발표한 후 마무리한다.

도움말

• 방백의 알림은 핸드벨이 아닌 다른 악기여도 상관없다. 악기가 없는 경우에는 손뼉을 치거나 발을 구르는 등의 동작을 정하면 된다.

• 방백 사용이 많으면 극의 흐름이 끊어질 수 있으니 중요한 때 사용할 수 있도록 한다.

정리 및 감상 〉 활동 후 느낌 나누기

활동목표 말풍선으로 느낀 점을 표현하고 감상할 수 있다.

활동형태 모둠

준비물 활동지②(말풍선), 필기도구, 테이프

활동방법 ① 다양한 장소에서 눈치 보는 상황을 방백으로 표현하여 연극을 만들어 보니 어떠한가요?

② 각자 활동지②(말풍선)에 느낀 점을 작성한다.

③ 작성한 활동지②를 비슷한 내용끼리 붙여 함께 나누고, 감상한다.

도움말
- 활동지가 아닌 말풍선 모양의 포스트잇을 사용할 수 있다.
- 말풍선은 충격이나 놀람, 꿈이나 상상, 다양한 감정 등을 나타내는 것에 따라 그 종류가 다양하다. 수업의 느낀 점에 어울리는 말풍선을 직접 그린 후 느낀 점을 작성한다. 또는 인터넷에 '말풍선'으로 검색한 자료를 활용하거나, 다양한 말풍선 스티커를 활용하는 것도 방법이 될 수 있다.

활동지 ① 〉 눈치 보다!

<u>모둠 :</u>

다양한 장소에서 눈치 보는 상황을 찾아 구체적으로 작성하세요.

장소	눈치 보는 상황

| 활동지 ② | 말풍선 |

이름 :

느낀 점을 닮은 말풍선을 그린 후 수업의 느낀 점을 작성하세요.

부록 ①   다양한 장소

병원	마트
집	학교
영화관	화장실
놀이공원	식당
미용실	경찰서

24. 상상 유래담

활용 놀이 수건돌리기(변형)

선택 놀이 고양이와 쥐

수업목표 상상으로 지어낸 유래담으로 연극을 만들 수 있다.

준비물 《개와 고양이와 푸른 구슬》책, 활동지①(우리가 지어낸 유래담), 필기도구, 포스트잇

부록 부록①(4컷 유래담), 부록②(상상 질문)

교육과정

도입 **나 잡아봐라!**
(목표: 갈등 관계를 활용한 잡기놀이를 할 수 있다.)

전개 1 **유래담이란?**
(목표: 유래담에 대해 알 수 있다.)

전개 2 **우리가 지어낸 유래담**
(목표: 지어낸 유래담으로 연극을 만들 수 있다.)

정리 및 감상 **활동 후 느낌 나누기**
(목표: 한 줄로 느낀 점을 표현하고 감상할 수 있다.)

평가

평가 내용	평가 수준			평가 방법
	상	중	하	
상상으로 지어낸 유래담으로 연극을 만들 수 있는가?				관찰법 실기법

활동목표 갈등 관계를 활용한 잡기놀이를 할 수 있다.

활동형태 전체

활동방법 ① '고양이'를 할 술래 한 명을 정한다.

② 나머지 학생들은 모두 일정한 간격을 두고 원으로 둘러앉는다.

③ 원의 시작점을 정한 후 술래는 앉아있는 학생 어깨에 손을 올리면서 한 사람씩 '고양이'를 이야기하다 마지막에 원하는 때 '개'를 말한다. 단, 원을 한 바퀴 돌기 전에 말해야 한다.

＠ 고양이-고양이-고양이-고양이-개, 고양이-고양이-개 등

④ 원의 진행 방향으로 돌며, '개'는 고양이를 잡아야 살고, '고양이'는 한 바퀴 돌아 원래 '개'의 자리에 앉아야 살 수 있다.

⑤ '고양이'가 살아남으면, '개'가 새로운 술래가 되어 놀이를 다시 시작한다.

⑥ 몇 차례 놀이를 진행한 후 마무리한다.

도움말

• 의자에 앉아서 진행하면 다칠 수 있으니 되도록 바닥에 앉아서 진행한다.

• 고양이와 쥐가 서로 잡을 때 원을 벗어나지 않는다.

• 앉아 있는 학생들이 미리 몸의 방향을 돌려 '고양이' 잡을 준비를 하지 않도록 한다.

• 골고루 학생들이 참여할 수 있도록 '개'를 했던 학생은 중복하여 선택하지 않는 약속을 정하면 좋다.

전개 1   유래담이란?

활동목표   유래담에 대해 알 수 있다.

활동형태   모둠

준비물   《개와 고양이와 푸른 구슬》 책

활동방법   ① 교사는 학생들과 고양이와 개는 왜 사이가 좋지 않게 되었을지 다양한 이유
를 상상하여 나눈다.

② '개와 고양이와 푸른 구슬' 옛이야기로 관계의 유래를 소개한다.

옛날 어느 바닷가 마을에 개와 고양이를 자식처럼 키우는 착하고 부지
런한 할아버지와 할머니가 살았단다. 어느 날 할아버지는 금빛으로 번쩍
이는 커다란 잉어를 낚았는데, 잉어가 눈물을 뚝뚝 흘리자 가엾이 여겨
놓아주었지. 다음 날 알고 보니 그 잉어는 용왕님의 아들이었단다. 그래
서 용왕님께 뭐든 가질 수 있는 푸른 구슬을 선물로 받았지. 할아버지랑
할머니는 초가집을 기와집으로 바꾼 후 행복하게 살았단다.

그런데 강 건너에 욕심 많은 할멈이 그 소문을 듣고, 푸른 구슬을 바꿔
치기해서 훔쳐 가 버렸지 뭐야. 그러자 멋진 기와집은 다시 초가집으로
바뀌고, 할아버지랑 할머니는 슬퍼했지.

개와 고양이는 할아버지와 할머니의 은혜에 보답하기 위해 강 건너 욕심
쟁이 할멈 집에 푸른 구슬을 찾으러 갔단다. 고양이는 욕심쟁이 할멈 집에
도착하자마자 대장 쥐를 잡아 푸른 구슬을 찾을 수 있었지.

개는 고양이를 태우고, 고양이는 푸른 구슬을 입에 꼭 물고 강을 건너기
시작했어. 강을 건너는데 개는 구슬이 잘 가지고 있냐고 물었는데, 고양
이는 구슬을 물고 있어 대답할 수 없었지. 그런데 계속 물어보는 개 때문
에 화가 난 고양이가 말을 하려 입을 열자마자 푸른 구슬이 강물에 빠지
고 말았더래. 개는 미안해서 어쩔 줄 몰라 하며 집으로 가버리고, 고양이
는 강가에 꼼짝도 하지 않고 있었지. 그때 지나가던 어부가 던져준 물고
기를 고양이가 먹으려는데, 그 속에 푸른 구슬이 있지 뭐야. 신난 고양이
는 푸른 구슬을 입에 물고 집으로 달려갔지.

푸른 구슬을 보고 기뻐한 할아버지랑 할머니는 다시 부자가 되었고, 고양이를 더욱더 예뻐했지. 하지만 개는 추운 마당에서 식은 밥을 얻어먹고 살았더래. 그때부터 개와 고양이는 만나기만 하면 서로 싸우게 된 거란다.

출처 : 서봉 글, 김문식 그림, 《개와 고양이와 푸른 구슬》(한글글렌도만, 1995), 요약정리.

③ 교사는 유래담이 사물이나 어떠한 일들이 생겨난 이야기임을 설명하고, 다양한 유래담의 종류를 소개한다.

무언가 생겨난 이야기	해와 달이 된 오누이	해와 달은 어떻게 생겨났는가?
생김새에 관한 이야기	멸치의 꿈	가자미는 왜 눈이 한쪽으로 몰렸는가? 망둑어는 왜 눈이 튀어나왔는가? 등
관계에 관한 이야기	개와 고양이와 푸른 구슬 (혹은 개와 고양이)	개와 고양이는 왜 앙숙이 되었는가?
상황을 설명하는 이야기	청개구리	개구리는 비 오는 날이면 왜 우는가?

④ 이 외에 학생들이 알고 있는 다양한 유래담에 대해 나눈 후 마무리한다.

도움말
- 예로 든 유래담은 주니어 네이버의 영상자료를 참고 및 활용한다.

해와 달이 된 오누이: https://jr.naver.com/s/yearimtv_story/view?contentsNo=159026

멸치의 꿈: https://jr.naver.com/s/tradition_story/view?contentsNo=2339

개와 고양이: https://jr.naver.com/s/pinkfong_story/view?contentsNo=111470

청개구리: https://jr.naver.com/s/pinkfong_story/view?contentsNo=109532

전개 2 우리가 지어낸 유래담

활동목표 지어낸 유래담으로 연극을 만들 수 있다.

활동형태 모둠

준비물 활동지①(우리가 지어낸 유래담), 필기도구

활동방법 ① 모둠을 나눈 후 모둠별로 '무언가 생겨난 이야기', '생김새에 관한 이야기', '관계에 관한 이야기', '상황을 설명하는 이야기' 중 어떤 유래담을 할지 선택한다.

   예 비는 어떻게 생겨났을까?, 호랑이의 줄무늬는 왜 생겨났을까?, 고양이와 쥐는 왜 앙숙이 되었을까?, 앵무새는 왜 말하게 되었을까?, 닭은 왜 날지 못하게 되었을까?, 곰은 왜 죽은 것을 먹지 않을까? 등

② 모둠별로 선택한 유래담을 활동지①(우리가 지어낸 유래담)에 작성한다.

③ 모둠별로 지어낸 유래담으로 연극을 만든다.

④ 유래담 연극에 필요한 공간 및 대소도구 등을 교실 물건을 상상 변형하여 활용한다.

⑤ 발표 모둠은 어떤 유래담을 선택하였는지 소개한 후 연극 발표를 한다.

⑥ 모둠별로 연극을 발표한 후 마무리한다.

도움말
• 기존 이야기를 새롭게 상상하여 유래담을 작성할 수 있다. 예를 들어 '해와 달이 된 오누이'를 '달'에 관련된 유래담으로 새롭게 지어낸다면, 매일 사람들을 괴롭히던 호랑이를 이야기의 마지막 장면에서 그 벌로 달이 되어 어두운 밤 사람들을 돕는 이야기로 창작할 수 있다.

응용
• 수업 시간에 따라 '푸른 구슬을 찾은 개와 고양이' 옛이야기를 소개한 후 개와 고양이 관계에 대한 유래담을 모둠별로 새롭게 지어내어 연극을 만들게 할 수 있다.

• 수업 시간이 충분하다면, 모둠별로 유래담을 종이책 만들기로 동화책을 만든 후 연극을 만들면 좋다.

https://blog.naver.com/ekgktptkd97/221758725429(종이책 만들기)

- 유래담을 줄거리 형태가 아닌 부록①(4컷 유래담)을 활용하여 그림으로 압축하여 표현할 수 있다.
- 수업 대상에 따라 부록②(상상 질문)를 뽑아 선택한 질문을 상상하여 유래담을 지어낼 수 있다.

정리 및 감상 > 활동 후 느낌 나누기

활동목표 한 줄로 느낀 점을 표현하고 감상할 수 있다.

활동형태 모둠

준비물 포스트잇, 필기도구

활동방법 ① 상상으로 지어낸 유래담으로 연극을 만들어 보니 어떠한가요?
② 각자 포스트잇에 한 줄 느낌평을 작성한다.
③ 작성한 느낌평을 모둠별로 나누고, 감상한다.

선택 놀이 > 고양이와 쥐

활동목표 갈등 관계를 활용한 잡기놀이를 할 수 있다.

활동형태 전체

활동방법 ① 원으로 둘러선 후 2명씩 짝을 짓는다.
② 술래인 고양이와 쥐를 정한다.
③ 고양이가 "야옹"이라 외치고 쥐를 잡으러 가면, 쥐는 도망간다.
④ 쥐는 고양이에게 잡히기 전에 2명씩 짝을 지은 학생 중 1명의 팔을 잡으며 "찍찍"이라 외친다. 그러면 일종의 배턴 패스(baton pass)가 되어 나머지 팔을

잡지 않은 1명이 쥐가 되어 도망간다.

⑤ 쥐가 "찍찍"을 "찍짹"처럼 잘못 외치거나, 외치지 않고 팔만 잡거나 반대로 잘 외쳤는데 행동을 생략한 모든 경우엔 배턴 패스가 인정되지 않는다. 이 경우 고양이와 쥐 역할을 바꾸어 놀이를 다시 시작한다.

⑥ 도망 다니다 고양이에게 쥐가 잡히면, 역할을 바꾸어 놀이를 다시 시작한다.

⑦ 놀이를 몇 차례 진행한 후 마무리한다.

도움말

- 고양이와 쥐의 활동 공간은 원 안과 원 밖 테두리 정도다. 수업 공간이 넓다면, 활동 공간을 약속하고 시작하는 것이 매우 중요하다. 그렇지 않으면 고양이와 쥐 둘만의 술래잡기가 된다.

- 수업 인원에 따라 세 명이 짝을 이루게 되면, 쥐가 '찍찍'을 외치며 잡은 사람을 기준으로 맨 끝 사람이 배턴 패스가 된다.

- 원의 일정한 간격과 형태를 유지하기 위해 바닥에 마스킹테이프를 활용하여 자리 표시를 하면 좋다.

- 고양이가 쥐를 잡을 때 너무 세게 치지 않도록 유의한다.

- 수업 인원이 열 명 이상이면, 배턴 패스가 된 쥐가 바로 옆에 배턴 패스하지 않도록 한다.

응용

- 놀이 속 역할을 갈등 관계를 활용하여 다양하게 변형할 수 있다. 예를 들면, 도둑과 경찰, 흥부와 놀부, 늑대와 아기 돼지 등으로 말이다.

| 활동지 ① | 우리가 지어낸 유래담 |

모둠 : _____

유래담의 종류와 질문을 작성한 후 구체적으로 상상하여 유래담을 작성하세요.

종류	☐ 무언가 생겨난 이야기 ☐ 생김새에 관한 이야기 ☐ 관계에 관한 이야기 ☐ 상황을 설명하는 이야기
유래담 질문	

| 부록 ① | 4컷 유래담 |

유래담의 종류와 질문을 작성한 후 4컷 만화로 유래담을 그리세요.

종류	☐ 무언가 생겨난 이야기 ☐ 생김새에 관한 이야기 ☐ 관계에 관한 이야기 ☐ 상황을 설명하는 이야기
유래담 질문	

①	②

③	④

고양이는 왜 물을 싫어하게 되었을까요?	앵무새는 왜 말하게 되었을까요?
고양이와 개는 왜 앙숙이 되었을까요?	비는 어떻게 생겨났을까요?
닭은 왜 날지 못하게 되었을까요?	거북이는 왜 느리게 되었을까요?
뱀은 왜 다리가 없을까요?	두꺼비는 왜 복을 가져다주는 동물이 되었을까요?

25. 알고 보면 모든 일상이 사칙연산?

활용 놀이   숨은그림찾기(변형)

수업목표   사칙연산으로 갈등을 해결하는 연극을 만들 수 있다.

준비물   활동지①(사칙연산을 찾아라!), 활동지②(생활 속 사칙연산), 필기도구, 포스트잇

부록   부록①(사칙연산)

교육과정   도입   이곳에 사칙연산이 있다고?
（목표: 교실 속 사칙연산 기호를 찾을 수 있다.)

전개 1   생활 속 사칙연산
（목표: 사칙연산 특징을 닮은 생활 속 다양한 상황을 찾을 수 있다.)

전개 2   사칙연산으로 풀어라!
（목표: 상황 속 갈등을 사칙연산으로 해결하는 연극을 만들 수 있다.)

정리 및 감상   활동 후 느낌 나누기
（목표: 사칙연산으로 느낀 점을 표현하고 감상할 수 있다.)

평가

평가 내용	평가 수준			평가 방법
	상	중	하	
사칙연산으로 갈등을 해결하는 연극을 만들 수 있는가?				관찰법 실기법

도입 이곳에 사칙연산이 있다고?

활동목표   교실 속 사칙연산 기호를 찾을 수 있다.

활동형태   모둠

준비물   활동지①(사칙연산을 찾아라!), 필기도구

활동방법   ① 교사는 교실에서 사칙연산 기호를 찾는 숨은그림찾기를 할 것이라 안내 후 몇 가지 찾는 시범을 보인다.

예   + : 창문 테두리

      − : 컴퓨터 키보드의 스페이스 바, 태극기의 건곤감리

      × : 장기판 무늬

      ÷ : 샤파 연필 깎기 뒷면에 나사 구멍

② 모둠을 나눈 후 활동지①(사칙연산을 찾아라!)을 나눠준다.

③ 모둠별로 활동지①에 사칙연산을 찾은 곳을 비밀리에 적는다.

④ 정해진 시간이 되면, 발표 모둠은 교실에서 찾은 사칙연산을 발표한다.

⑤ 발표 중 사칙연산 찾은 곳의 의문이 든 학생은 '잠깐'을 외친다. 발표 모둠은 찾은 위치를 직접 정확하게 설명한다.

⑥ 모둠별로 중복되는 것은 제외하고 발표한다.

⑦ 모둠별로 활동지①을 발표한 후 마무리한다.

도움말
- 사칙연산 기호를 찾을 때 '+'는 방향을 바꾸면 '×'가 될 수 있다. 따라서 수업 대상에 따라 이를 허용할지 각각 기호의 방향에 맞게 찾을지를 정한다.
- 수업 공간마다 환경이 다르기에 교사는 '÷'는 수업 전 미리 교실을 탐색하여 시범을 보일 것을 찾는다.
- 교실 속 물건을 변형하거나 새롭게 조합하여 사칙연산 기호를 인위적으로 만들지 않는다.
- 수업 대상에 따라 일정한 시간 내에 사칙연산 기호를 많이 찾게 할 것인지 기호별로 각각 1개씩 찾게 할 것인지 정한다.

- 이 프로그램은 사칙연산의 더하고, 빼고, 나누고, 곱하는 특징을 일상의 상황으로 확장하여 생각할 수 있도록 개발하였다. 일상인 교실에서 사칙연산 기호를 찾는 활동은 수업 대상 및 시간에 따라 사칙연산을 활용한 간단한 놀이로 대체할 수 있다.

  예 가위바위보 하나 빼기, 다리 빼기 놀이, 구구단을 외자 등

전개 1 · 생활 속 사칙연산

활동목표 사칙연산 특징을 닮은 생활 속 다양한 상황을 찾을 수 있다.

활동형태 모둠

준비물 활동지②(생활 속 사칙연산), 필기도구

활동방법 ① 교사는 사칙연산의 더하고, 빼고, 나누고, 곱하는 것을 생활 속 다양한 상황에서 찾을 것을 안내한 후 몇 가지 예를 들어 설명한다.

  예 • 연천군은 코로나19 극복을 위해 군민과 함께하는 '사칙연산 캠페인'을 실시 중이다. 내용을 살펴보면, '따뜻한 마음을 더해요(+)', '재난취약계층에 마스크 먼저 나눠요(÷)', '소상공인들에 힘을 곱해요(×)', 다중이용시설 이용 줄어요(−)'다.

  • 교통안전 문구 : '속도를 줄이면 사람이 보입니다'(−)

  • 환경부의 '고고 릴레이 챌린지'는 생활 속 플라스틱을 줄이기 위해(−) '(하지 말아야 할 한 가지를 거부하)고, (해야 할 한 가지 실천을 하)고(+)'에서 따온 말이다. 예로 '일회용컵 줄이고, 텀블러 사용하고'가 있다.(출처 : 환경부)

  ② 모둠별로 활동지②(생활 속 사칙연산)에 생활 속에 사칙연산과 닮은 다양한 상황을 찾아 적는다.

  예 + : 친구가 오해한 사실을 알게 되었다.

  − : 학교에서 휴대폰을 잃어버렸다.

  ÷ : 아픈 친구를 돕기 위해 헌혈로 마음을 나누었다.

× : 친구랑 싸워 속상했는데, 선생님께 혼나 더 속상했다.

③ 정해진 시간이 되면, 발표 모둠은 활동지②를 발표한다.

④ 모둠별로 중복되는 것은 제외하고 발표한다.

⑤ 모둠별로 활동지②를 발표한 후 마무리한다.

도움말

- 다양한 상황은 수에 관련된 상황이거나 더하고, 빼고, 나누고, 곱하는 의미로 해석될 수 있는 상황까지 넓게 생각하여 찾는다.
- 수업 대상에 따라 위의 예처럼 갈등이 담긴 상황을 찾도록 하면, 좀 더 극적인 연극 만들기가 가능하다.

응용

- 수업 대상 및 시간에 따라 모둠별 사칙연산을 부록①(사칙연산)을 활용하여 제비뽑기하거나 자유롭게 선택한 1개의 사칙연산을 활동지①에 작성하도록 한다.
- 수업 시간에 따라 발표는 사칙연산별로 각각 1개씩 가장 큰 갈등을 담고 있는 상황을 발표하게 할 수 있다.

전개 2 사칙연산으로 풀어라!

활동목표   상황 속 갈등을 사칙연산으로 해결하는 연극을 만들 수 있다.

활동형태   모둠

준비물   활동지②(생활 속 사칙연산)

활동방법   ① 모둠별로 활동지②에서 찾은 상황 중 가장 큰 갈등을 담고 있는 상황을 한 가지 선택한다.

② 선택한 상황의 갈등의 원인과 해결방법을 사칙연산으로 다양하게 찾는다.

③ 그중 한 가지의 상황을 선택하여 연극으로 만든다.

④ 발표 모둠은 활동지②에서 선택한 상황을 소개한 후 연극 발표를 한다.

⑤ 발표 후 학생들이 새롭게 찾은 사칙연산을 함께 나눈다.

⑥ 모둠별로 연극을 발표한 후 마무리한다.

응용

• 수업 대상에 따라 학습만화 《마법천자문》(유대영 지음, 홍거북 그림, 김창환 감수, 아울북, 2021)에서 마법으로 한자를 쓸 때 '주문'을 외우는 것처럼, 갈등을 해결할 때 사칙연산 관련 '주문'을 만들어 사용하면 좋다. '주문'이 장면 전환에 흥미로운 요소가 됨과 동시에 발표 모둠이 표현하고자 하는 내용을 명확하게 보여줄 수 있다.

정리 및 감상 활동 후 느낌 나누기

활동목표 사칙연산으로 느낀 점을 표현하고 감상할 수 있다.

활동형태 모둠

준비물 포스트잇, 필기도구

활동방법 ① 사칙연산으로 갈등을 해결하는 연극을 만들어 보니 어떠한가요?

② 각자 포스트잇에 사칙연산 중 한 가지를 선택하여 느낀 점을 작성한다.
예 생활 속에 다양한 사칙연산이 있다는 것을 알게 되었어요(+)

③ 도입 활동에서 찾았던 사칙연산 위치 중 자신이 선택한 사칙연산에 해당하는 곳에 포스트잇을 붙인다.

④ 모두 돌아다니면서 느낀 점을 감상한 후 마무리한다.

활동지 ① 〉 사칙연산을 찾아라!

모둠 : _____

교실에서 사칙연산 기호를 찾고, 그 위치를 구체적으로 작성하세요.

+	
−	
÷	
×	

| 활동지 ② | 생활 속 사칙연산 |

모둠 : _____

생활 속에서 사칙연산처럼 더하고, 빼고, 나누고, 곱하는 다양한 상황을 찾아 작성하세요.

+	
−	
÷	
×	

부록 ① 사칙연산

$$+$$

$$-$$

$$\div$$

$$\times$$